L'or et l'argent

©2021. EDICO
Édition : JDH Éditions
77600 Bussy-Saint-Georges. France
Imprimé par BoD – Books on Demand, Norderstedt, Allemagne

Réalisation graphique couverture : Cynthia Skorupa

ISBN : 978-2-38127-127-9
Dépôt légal : février 2021

Le Code de la propriété intellectuelle n'autorisant, aux termes de l'article L.122-5.2° et 3°a, d'une part, que les copies ou reproductions strictement réservées à l'usage privé du copiste et non destinées à une utilisation collective , et d'autre part, que les analyses et les courtes citations dans un but d'exemple et d'illustration, toute représentation ou reproduction intégrale ou partielle faite sans le consentement de l'auteur ou ses ayants droit ou ayants cause est illicite (art. L. 122-4).

Cette représentation ou reproduction, par quelque procédé que ce soit constituerait une contrefaçon sanctionnée par les articles L. 335-2 et suivants du Code de la propriété intellectuelle.

Thomas Andrieu

L'or et l'argent

Guide complet pour comprendre et investir

JDH Éditions
Les Pros de l'Éco

PRÉFACE DE SIMONE WAPLER

Spécialiste des métaux précieux, Simone Wapler est l'ancienne rédactrice en chef des publications Agora, de MoneyWeek France, et de l'Investisseur Or et Matières. Ayant également réalisé des analyses aurifères pour Vos Finances, elle a participé à de nombreuses publications pour Les Échos, Le Point, Enjeux, etc.

L'or et l'argent... mais bien plus encore ! Ce livre vous emmène retrouver les plus vieilles monnaies à la lumière de la situation actuelle, « *où la relance s'est transformée en soutien, où le soutien se transforme en menace systémique* ».

Nous voilà désormais irrémédiablement enfoncés dans l'impasse de la dette ; la seule issue est toujours passée par le chemin de la monnaie ou la devise la moins chère possible : inflation et dévaluation.

L'or et l'argent ont toujours été les flics de la monnaie ou des devises, les « forces de l'ordre » monétaires. Les métaux précieux le seront-ils encore aujourd'hui face à la débauche monétaire généralisée des banques centrales, lorsque chacun se dira « mais que fait la police ? » ? Oui, parce que cette fois, ce n'est pas différent.

Après une synthèse historique de l'or et de l'argent monétaire, Thomas Andrieu nous propose en deuxième partie de son ouvrage une analyse détaillée de ce qu'il appelle la « *bulle publique* » – née de l'absence de limite à l'endettement – et de ses répercussions dans l'économie et nos finances personnelles.

Les surendettements privé et public plombent la rentabilité des activités économiques et condamnent leurs rendements à la baisse ; c'est l'avènement de l'économie de Ponzi, camouflage classique de l'insolvabilité. Mais l'Histoire montre que les dettes publiques n'ont jamais été remboursées, y compris par les régimes démocratiques, nous prévient Thomas Andrieu.

C'est pourquoi il faut nous attendre à une disparition de la confiance, car « *quand le schéma de la dette publique tombe, la désillusion est soudaine et la dépendance se transforme en haine. Dans ces périodes, la confiance envers la devise tombe généralement, surtout quand la devise n'a aucune valeur intrinsèque. La dette publique ne s'est jamais terminée bien dans l'Histoire, annulation ou pas !* ».

Le marché obligataire est désormais administré par les banquiers centraux, le marché libre n'existe plus dans ce domaine et l'économie est de plus en plus administrée : « *Nous savons tous comment cela se termine dans l'Histoire. Quand le libre marché tombe, le marché en lui-même tombe. Récemment, d'ailleurs, les politiques budgétaires sont même allées jusqu'à une proposition de prise en charge de 30 % des salaires par l'État.* »

Dans la troisième partie, le lecteur qui cherchera sagement à se prémunir contre l'effondrement du marché obligataire (et des institutions qui y sont liées) trouvera un panorama des différents moyens actuels d'acquérir des métaux précieux, y compris les plus récents, tels qu'une cryptomonnaie adossée à l'or.

Oui, l'or est une monnaie libre et anarchique : personne ne fixe sa valeur et elle ne dépend d'aucune « autorité supérieure » pour exister. C'est en réalité la seule monnaie profondément démocratique, au service du peuple et de la propriété privée. C'est là sa véritable utilité. Ce livre nous le rappelle, c'est ce qui lui confère toute sa valeur.

LE MOT DE L'AUTEUR

Ce livre n'est pas immédiatement destiné à offrir un conseil d'achat ou de vente comme la plupart des livres dédiés aux métaux. Il est avant tout destiné à apporter les bases fondamentales, nécessaires pour approfondir ou découvrir l'or et l'argent. L'objectif est de fournir une véritable éducation économique et financière sur les métaux précieux. Connaître leur histoire, connaître leurs réactions économiques passées et à venir, savoir détecter les opportunités d'investissement, savoir où investir, et enfin, profiter de l'expérience d'experts du milieu vous permettront, je l'espère, de vous enrichir, tant culturellement et intellectuellement que financièrement.

Dans ce livre, je souhaite avant tout faire partager l'importance capitale des métaux pour notre société et votre patrimoine. Il suffit de comprendre les éternels processus qui régissent les sociétés, pour comprendre l'importance des métaux. L'or et l'argent sont bien plus que des métaux, ils sont l'instrument de mesure de l'excitabilité des esprits humains, pour le meilleur ou pour le pire.

Vous retrouverez mes analyses et prévisions sur l'or et l'argent à travers mon site dédié, www.andrieuthomas.com, en me suivant sur les réseaux sociaux et autres sites que j'anime, comme www.lesprosdeleco.com de cette même collection, ou en me contactant (thomas.andrieu.contact@gmail.com).

INTRODUCTION

L'or et l'argent ! Deux métaux incontournables dans l'Histoire, l'économie, la finance, mais aussi la chimie... Bref, ces métaux qui ont su traverser les millénaires et qui n'ont jamais perdu le sentiment de préciosité quasi instinctif qu'on leur accorde. Ces métaux ont traversé les civilisations : de leurs émergences à leurs disparitions. Leur préciosité dépend de la même intrigue perpétuelle.

Là aussi, l'Histoire est indissociable pour voir l'avenir que nous réservent ces métaux. L'importance que nous accordons aux métaux n'est autre que l'héritage que chaque civilisation laisse à la suivante. Héritage qui perdure bien au-delà de toute idéologie, que les métaux soient utilisés comme simples bijoux ou comme base monétaire.

De nos jours, pour comprendre quasi complètement la variation de ces métaux au cours du temps, je vous conseillerais personnellement, comme je le conseille ici, de regarder ces métaux par rapport à deux éléments fondamentaux, sur lesquels nous reviendrons :

1/ La devise et ses paramètres.
2/ La rareté relative.

Avant de traiter de ce qui promet d'être un revirement sociétal majeur, j'insisterai sur la différence entre monnaie et devise. Différence essentielle à faire dans cet ouvrage avant toute logique d'investissement. On considèrera ici la monnaie, qui a de la valeur. De même, on considèrera que la devise représente la valeur. Votre billet vaut-il 100 € ?... Votre écriture comptable vaut-elle le prix que vous insérez sur un écran ou un chèque ?... NON !... Votre billet de 100 € vaut peut-être quelques dizaines de centimes, alors qu'il représente une valeur bien supérieure. Ainsi, on dira que la devise (ici €) représente une valeur. Par contre, une pièce en or de valeur intrinsèque 1 000 €, par exemple, a une valeur de 1 000 €. C'est aussi simple que cela.

Vous allez comprendre pourquoi ces métaux sont bien plus que des métaux. Ils sont l'allégorie parfaite du comportement humain. En spéculant sur ces métaux, vous spéculerez sur le comportement humain dans toute sa splendeur. Et vous pouvez être sûr que ces métaux ressortent toujours gagnants dans le temps ! Et c'est sûrement pour cela que je classe moi-même ces actifs comme mes préférés. Si vous comprenez les grandes lignes qui régissent une société, vous comprendrez ces métaux, qui deviendront vos alliés dans les pires combats.

Depuis que je suis entré dans l'économie et dans la finance, j'ai compris qu'il était bien plus efficace de comprendre qui nous sommes avant que de comprendre comment nous sommes... En clair, comprendre ce qui fait la tendance avant de comprendre ce qui fait la variation. Il en est de même pour les métaux. Ils obéissent à des règles simples qui se répètent inlassablement au cours du temps.

Introduction

Le cycle d'investissement de l'or pourrait se résumer au processus suivant : opportunité d'investissement, ralentissement économique, crise, création monétaire, tension taux réel/croissance, détente du risque systémique, opportunité d'investissement... Il est donc ici question de comprendre l'importance réelle des métaux dans notre société à l'heure du système flottant. Nous avons cette « chance » extraordinaire depuis 40 ans de ne plus être dans un système étalonné. Un système où l'on peut acheter de l'or soi-même plutôt que se faire promettre de l'or par le gouvernement.

Contrairement à ce que l'on pourrait croire, l'or et l'argent sont parmi les actifs les plus spéculatifs. Spéculatifs au sens où le retour sur investissement potentiel est élevé par rapport au risque encouru. Dans l'Histoire des sociétés, quand le moyen d'échange s'effondre en valeur, quand la puissance publique hyperdominante vacille, l'or et l'argent sont le moyen de conserver sa prospérité. Pourquoi ?... Car c'est le seul moyen de conserver son pouvoir d'achat dans le temps. Simplement, aussi, car personne ne refusera jamais de prendre de l'or ou de l'argent. Au même titre que certains animaux sont attirés par les objets brillants, l'Homme pourrait être attiré par l'argent, mais aussi (et surtout) par l'or. Même chez des Hommes qui ne se sont jamais vus, séparés par une civilisation, un millénaire, un continent, une mer ou un océan, l'or et l'argent provoquent instinctivement les mêmes convoitises.

Ce livre se penche ainsi sur l'Histoire de ces métaux pour, encore une fois, en retirer leur intrigue. Afin de comprendre certains principes fondamentaux qui régissent ces métaux. Finalement, nous verrons que ces métaux ont un fort potentiel sur les 13 prochaines années, et même bien au-delà. Il n'est pas ici question de traiter des métaux qui n'ont qu'une importance mineure dans l'investissement, comme le platine ou l'aluminium. En 2016, par exemple, le platine a une demande d'investissement relativement faible (7,54 %) et possède une dépendance assez importante à l'automobile (40 % de la demande totale est de la demande pour les pots catalytiques), ou à la bijouterie (30 % de la demande totale). De son côté, l'aluminium est très dépendant de certains pays comme la Chine (qui fournit la majorité de l'aluminium mondial et en consomme une très grande partie également) et la demande d'investissement reste aussi mineure. On se concentrera donc dans ce livre sur les métaux pour lesquels la demande d'investissement est relativement forte, autrement dit, l'or et l'argent.

Premièrement, on ne pourra que rappeler la prochaine vague de risque qui pointe en 2021 et qui culminera en 2022… Sans parler encore de l'évolution de la situation sur les décennies à venir, qui promet un net dilemme économique, financier, monétaire, politique et social. Nous sommes à la veille d'un rééquilibrage économique profond et qui ne se fera pas sans tensions. L'équilibre économique qui a dominé jusqu'ici vacille et son ampleur reflète son inefficience pour répondre à la stabilité systémique. Les taux négatifs, d'abord proposés par Silvio Gesell il y a un siècle dans un contexte monétaire assez semblable, ont aujourd'hui instauré une dégradation interne continue de nombreuses devises. Théorie économique qui ne manque pas d'achever le rêve d'une économie providentielle, ce à quoi nous assistons depuis un siècle et en particulier depuis la fin des Trente Glorieuses. Théorie qui ne manque donc pas d'amplifier les effets néfastes de cet équilibre économique qui survit par ponction de l'avenir et de la libre action des agents. Le problème de l'équilibre économique actuel, c'est que le système s'est enfoncé dans une impasse sans égal, où la relance s'est transformée en soutien, où le soutien se transforme en menace systémique. Les agents économiques majeurs (États, Banques centrales, etc.) jouent ainsi contre le libre marché au-delà de toute rationalité temporelle, ce qui n'augure rien de stable en termes de développement humain. Il y aura des dégâts financiers, économiques, sociaux, idéologiques, politiques et géopolitiques qui commenceront à se voir, par rapport à l'ancien ordre étatique, dès 2021. Alors, face à un siècle qui promet d'être la synthèse des cycles économiques de ces derniers millénaires, l'or (et l'argent) sont une assurance systémique que même l'optimisme ne peut nier. En bref, découvrir ou approfondir ses connaissances sur l'or et l'argent est plus que jamais nécessaire...

Enfin, nous verrons qu'il existe différents moyens d'investir dans l'or et l'argent, de manière directe ou indirecte. Ce livre nous montre une fois de plus que l'or (et l'argent en partie) reste bien structurellement gagnant à long terme. C'est économique. Actif privilégié des particuliers en recherche de sécurité, ce peut aussi être un outil de diversification majeur pour les plus gros investisseurs. Le tout est alors de savoir dans quel contexte l'or est fortement haussier.

À titre supplémentaire, ce livre contient également des témoignages de certaines figures des refuges.

I – HISTOIRE DE L'OR ET L'ARGENT

Après des mois d'étude sur l'Histoire de ces métaux, il est clair que l'Histoire des métaux est aussi celle de l'Humanité... Deux métaux, l'or et l'argent, qui semblent indéfectibles à la vie humaine en société.

Au commencement, les métaux sont un moyen d'échange à proprement parler... La devise est la monnaie !... Mais avec des conditions favorables de développement humain, ce moyen de paiement a nécessité un perfectionnement graduel. D'abord, ces métaux s'uniformisent par la création de pièces. Ensuite, ils se dégradent, par l'utilisation d'autres métaux, ce qui permet de jouer sur la quantité de devises en circulation. Avec la naissance du système bancaire, ces métaux disparaissent progressivement de la circulation et sont remplacés par des billets, qui attestent, par un bout de papier, d'un paiement en or ou argent stocké en lieu plus sûr. Bref, la distinction entre monnaie et devise s'intensifie proportionnellement à l'augmentation des échanges.

Ces billets deviennent rapidement une arme monétaire, qui se voudra de plus en plus flottante... Et puis, pour faire culminer l'évolution des moyens de paiement, les devises scripturales font leur apparition... Plus besoin d'un gramme d'or ni d'argent !... Ou presque... Vous comprendrez pourquoi en lisant une Histoire bien répétitive. Tellement répétitive qu'il serait absurde de passer à côté d'une de ces terribles intrigues de l'espèce humaine. Je dis terrible, car je constate que nous reproduisons à la perfection l'intrigue d'une société. Et si l'Histoire nous dit bien une chose, c'est que certaines périodes, où le risque de long terme tend à croître, sont une occasion inespérée pour maintenir sa richesse. Tout n'est qu'une question de temps et de modification de l'effet du temps sur les sociétés humaines. Autrement dit, les politiques monétaires et fiscales ne sont que l'image d'un système à bout de souffle. Et chacun comprendra où est son intérêt quand la collectivité vacille.

L'OR ET L'ARGENT AU CŒUR DES SOCIÉTÉS...

D'après les spécialistes, les premiers objets en or (bijoux...) et argent (vaisselles, bibelots...) apparaissent au Ve millénaire avant notre ère. Les plus vieux objets en or retrouvés à ce jour étant ceux de la nécropole de Varna (Bulgarie), entre -4600 et -4200. Bien que le probable plus vieil objet en or, une petite perle en or, ait été identifié à ce jour au sud de l'actuelle Bulgarie, daté de -4600 à -4500.

L'extraction organisée arrive plus tard. Une des premières mines connues, décrite comme « *le pays d'Havila, où se trouve l'or* » dans la Genèse, fait référence à la mine Mahd adh Dhahab, dans les montagnes de l'actuelle Arabie saoudite. Les premiers minages datent de -3000. Mine qui existe encore et qui, après des millénaires d'existence, s'arrêtera en 2023.

L'or et l'argent

Les premières traces d'utilisation en tant que moyen d'échange/de paiement remontent à la Mésopotamie. Autour de -1750, par exemple, le juge Hammourabi est attribué à un code, la première loi connue, établissant par exemple le salaire minimum qu'un ouvrier devait toucher chaque jour. Un ouvrier non spécialisé devait par exemple toucher entre 1,88 g et 2,1 g d'Argent par jour. L'économie babylonienne utilisait en effet l'argent et les grains d'orge pour moyens d'échange.

Vers -1500, les Hittites (peuple indo-européen) ont également participé à exploiter des mines d'argent en envahissant la Mésopotamie. Mines alors déjà très convoitées par les armées de Perse, d'Assyrie et de Sumer. L'argent extrait de ces mines servait à la conception de moyens de paiements standardisés et calibrés (les « sicles » avec 8,41 g d'argent sous la période paléobabylonienne, les « statères » à 18,82 g, les « mines » à 500 g, les « talents » à 30 kg). En clair, c'était une première tentative de « mise en pièce » avant l'heure, afin d'effectuer du troc avec les territoires étrangers.

Sous l'Égypte antique, les premières conquêtes de territoires riches en or et en cuivre dès -2900 participent à la lente formation d'un système monétaire. Par ailleurs, le Nil était un fleuve extrêmement riche en or, et l'orpaillage (avec la technique de la bâté) suffisait à extraire des quantités relativement importantes. Les Égyptiens sont rapidement devenus de grands manipulateurs d'or. Ils sont en outre à l'origine des feuilles d'or.

Autour de -2000, le Shâ était l'unité monétaire de l'Égypte. L'unité de poids était le deben. Nous savons ainsi que 12 Shâs valaient 1 deben d'or, 6 Shâs valaient 1 deben d'argent et 3 Shâs valaient 1 deben de plomb. À savoir qu'un Shâ valait 7,5 g d'or (soir 15 g d'argent, et ainsi de suite).

On en déduit logiquement que le ratio argent/or était de seulement 2 : 15 g d'argent permettaient d'obtenir 7,5 g d'or. Ce très faible ratio s'explique par la relative absence d'argent en Égypte et la présence d'un or généralement plus abondant qu'ailleurs à l'époque.

C'est avec l'émergence commerciale d'Athènes que les Égyptiens ont commencé à voir un afflux d'argent, ce qui a fait augmenter le ratio en Égypte. Par ailleurs, l'Égypte n'a frappé que tardivement des pièces d'or (-404 et -341), principalement pour payer des mercenaires étrangers contre la Perse.

Une autre civilisation, les Phéniciens (les Puniques pour les Romains), aussi connus comme les Carthaginois à l'Ouest, ont eu la chance d'avoir accès à d'importantes quantités d'argent. Les Romains parlaient par exemple des Montagnes d'argent, dans le Guadalquivir actuel, où 4 000 hommes étaient employés. Polybe, général romain qui participa à détruire Carthage, décrit une production minière de 32 tonnes d'argent par an. En outre, cela a permis aux Carthaginois de créer des pièces (drachmes phéniciens), pesant environ 3,54 g d'argent.

« RICHE COMME CRÉSUS » : VRAIMENT ?!

Vous l'aurez compris, l'or et en particulier l'argent servaient déjà de moyen d'échange avant l'invention de ce que nous appelons la « monnaie »... Et des tentatives de standarisation ont déjà pris effet.

La croyance populaire est trompeuse : ce n'est pas sous Crésus qu'est apparu le concept de monnaie. C'est plus précisément sous le règne du roi Gygès, arrière-arrière-grand-père de Crésus. C'est dans l'actuelle Turquie, au Royaume de Lydie, que Gygès fit en effet circuler des pépites d'électrum (pépite d'alliage or/argent) en substitution au troc. Ces pépites étaient cependant pesées et estampillées, ce qui faisait d'elles des « pièces ». Ce n'est qu'un siècle plus tard que le roi Crésus (-596 à -546) va améliorer la technique de fonderie.

L'électrum (alliage d'or et d'argent) était relativement abondant dans un fleuve que Plutarque rapporta comme le fleuve Chrysorrhoas, en grec, « fleuve qui charrie de l'or ». L'amélioration de Crésus consistait en une séparation de l'or et de l'argent des pépites d'électrum extraites du fleuve. C'est l'apparition d'un premier système bimétallique :

— 1 statère d'or pesait 8,17 g d'or.

– 1 statère d'or = 10 statères d'argent de 10,89 g.

Soit un ratio argent/or de 13,3. Ratio qui se rapproche de celui qui a dominé pendant près de 2000 ans.

Pour l'anecdote, Crésus est le dernier roi de Lydie. Bien qu'il possédât une fortune considérable, cela ne lui a pas permis de faire perdurer cette fortune et de devenir une puissance militaire écrasante. La légende raconte qu'il consultât l'oracle de Delphes avant de partir en guerre. Il lui annonçait la disparition d'un grand Empire. Ce fut le sien.

LA MANIPULATION MONÉTAIRE...

Plus la croissance économique s'enracine, plus la nécessité d'avoir des moyens de paiement abstrait devient importante, et réciproquement. La monnaie connaît ainsi un essor fulgurant... C'est l'apparition d'un tel système monétaire qui permet l'émergence de nombreuses puissances, dont la Grèce, elle-même suivie de Rome.

Mais voilà... La monnaie, c'est bien, mais plus de « monnaie », c'est mieux. Depuis l'apparition des moyens d'échange, il y a bien un constat à faire : nous avons tenté autant que possible de diminuer la rareté de ces moyens d'échange. Par simple cupidité et/ou tentative d'échapper aux problèmes de court terme.

À partir de la Grèce, apparaît au grand jour une intrigue qui s'applique presque à toutes les autres puissances économiques, la nôtre inclue. Nous pouvons résumer ce processus, en lien avec le cycle d'émergence et de déclin sur lequel j'ai longuement développé, par :

1/ L'apparition d'une monnaie de qualité. Cela participe à l'émergence d'une puissance commerciale avec une monnaie qui inspire confiance.

2/ L'apparition d'évènements externes. Guerres, programmes sociaux (qui sont un concept présent depuis plusieurs milliers d'années), démographie, concurrence, catastrophes sanitaires ou naturelles... implique(nt) l'apparition de déficits multiples. Ceux-ci impliquent souvent une accumulation des dettes. La monnaie est donc impactée ne serait-ce que par son utilisation.

3/ L'apparition d'un dilemme. Les dettes ne peuvent être payées et/ou les moyens budgétaires manquent. C'est soit le paiement de la dette avec une monnaie moins chère, soit le défaut de paiement.

La monnaie moins chère !... Ou plutôt, la devise moins chère... Oui, c'est une solution millénaire au problème des dettes.

C'est une sorte d'escroquerie collective, ce que nous pouvons appeler sans détour : la taxe invisible.

La devise respecte la loi d'offre et de demande. Pour une même utilisation, plus il y a de devises en circulation, plus la valeur de la devise est basse.

Simplement, car chaque unité est moins utilisée. Autrement dit, les devises ne sont rien de plus qu'une promesse d'obtenir une certaine quantité de biens ou de services. Si vous augmentez le nombre de devises en circulation, et donc la promesse d'avoir une quantité supérieure de biens et de services, alors le système économique va se corriger (car les quantités en biens et services sont limitées, surtout en période de crise).

Ainsi, à partir du moment où le moyen de paiement ne fait que représenter une valeur qu'il n'a pas, la distinction entre devise et monnaie est d'autant plus forte qu'il faut plus de devises pour représenter la même valeur. C'est ce que l'on appelle l'inflation. Les prix des biens et services augmentent donc, pas leur valeur. Mais nous y reviendrons pour comprendre pourquoi l'or et l'argent sont intimement liés aux prix, et à la valeur... Et donc, au final, à cette manipulation monétaire centrée autour de la création monétaire.

L'EXEMPLE DE LA GRÈCE ANTIQUE

La Grèce était un territoire riche en argent. Au Ve et IVe siècle avant J.-C., les Athéniens ont exploité à grande échelle de nombreuses mines. Cela leur a permis de diffuser une monnaie de qualité au fur et à mesure que leur influence commerciale devenait importante.

Mais les ambitions commerciales sont souvent des ambitions militaires... En -431, Athènes s'engage dans la guerre du Péloponnèse contre Sparte. Cette guerre entre les deux puissances de l'époque s'éternise. À ce moment-là, Athènes dispose d'une supériorité financière... Mais la guerre durera 27 ans.

Les armées et les garnisons sur les territoires pacifiés coûtent cher... Trop cher. Le problème budgétaire a été au cœur du débat. Pour donner un ordre d'idée du coût de cette guerre, le Trésor athénien comptait 5 000 talents au début de la guerre, c'est moins de 1 500, trois ans plus tard. À savoir qu'un talent représente 25,86 kg d'argent (6 000 drachmes). Autrement dit, 5 000 talents correspondaient à 129,3 tonnes d'argent. Le coût moyen sur cette période était donc d'environ 2,5 tonnes d'argent/mois.

Aux dépenses excessives s'est ajoutée la peste, particulièrement entre -430 et -429, qui a tué entre le tiers et le quart de la population.

Les finances étaient au bord du gouffre... Mais Athènes se rendit compte que payer une armée à l'autre bout du territoire pouvait se faire avec une « monnaie » moins chère. Par exemple, si 1 000 pièces en or obtenues par la taxation étaient fondues et mélangées avec 50 % de cuivre, on obtenait 2 000 pièces !... C'est ainsi que les Athéniens ont dévalué la devise pour augmenter la masse monétaire, et ainsi obtenir une « monnaie moins chère ». Ils ont reproduit le même processus en -405 en mettant en circulation des pièces de cuivre. Dès lors, la monnaie n'est plus au peuple, mais au gouvernement. Simplement, car à partir de là, la confiance envers la devise dépend de la confiance envers le gouvernement.

La Guerre est perdue, et la population préfère échanger des pièces avec une meilleure teneur en or et argent. Les anciennes pièces ont automatiquement une valeur supérieure. C'est ainsi que les pièces avec une teneur en or et argent plus importante sont thésaurisées :

« *La mauvaise monnaie chasse la bonne.* »

Face à l'affaiblissement de la Grèce et la menace de la puissance perse, Philippe II de Macédoine, en -338, entreprendra une tentative d'unification. Unification qui sera menée par son fils, Alexandre le Grand. Apparaît ainsi le Tétradrachme d'Alexandre (17 g d'argent). Puis, grâce aux conquêtes, Alexandre fait frapper près de 13 millions de Tétradrachme d'argent (221 tonnes pour les seuls ateliers de Pella et Amphipolis, les plus importants). À cette époque, 20 drachmes pesaient environ 8,5 g d'or. Le ratio or/argent était donc de 1/15.

Mais avec le temps et les manipulations monétaires, la puissance commerciale de la Grèce s'est effondrée.

L'EXEMPLE DE ROME

Tout comme la Grèce, Rome n'a pas échappé à la règle. Sous la République, les 3 guerres puniques contre Carthage vont ruiner la République. Cela mènera en outre à l'avènement de l'Empire grâce à deux principales crises au Ier siècle av. J.-C. Crises sur lesquelles je suis revenu dans mon livre *2021, Prémices de l'effondrement*.

Avec l'émergence de la puissance romaine et la conquête de nouveaux territoires plus riches en métaux précieux, dont l'actuelle Espagne, Rome a pu frapper des quantités très importantes de pièces.

L'Empire romain était l'une des premières civilisations où les individus avaient pour objectif plus ou moins ouvert de s'enrichir. L'économie romaine constituait le cœur de la puissance et de l'influence de cet Empire. La monnaie, comme aujourd'hui, jouait un rôle central. Si les peuples de ce territoire devenu immense avaient confiance en la monnaie romaine, alors ils participaient à établir sa puissance. Un peu au même titre que le dollar est globalement admis aujourd'hui. Les Romains ont frappé des quantités astronomiques de monnaies de toutes sortes, de l'or au bronze en passant par l'argent. L'importance de la transaction définissait quel type de monnaie serait plus ou moins privilégié (on n'utilisait pas l'or de manière systématique).

Les Romains étaient constamment à la recherche de toujours plus de métaux, en particulier l'or. Évidemment, quand l'économie prospérait (ce qui a été le cas jusqu'à la fin du IIe siècle), frapper de la monnaie supplémentaire permettait d'étendre l'influence commerciale. Mais les Romains étaient tellement avides de pouvoir faire prospérer leur économie qu'ils y ont perdu la stabilité. Exactement de la même manière que les Banques centrales établissent un QE pour un oui ou pour un non. À la fin du IIe siècle, alors que l'économie ralentissait (maladies, perte de confiance, invasions, de plus en plus de violences…), la création monétaire continue des Romains a provoqué une dégradation de la confiance que les peuples portaient envers la monnaie.

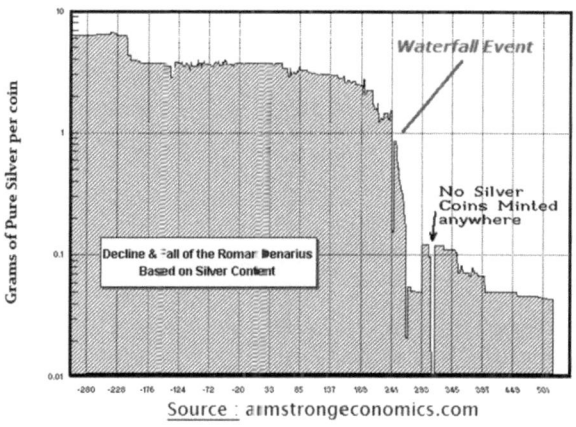

Les Romains avaient des dizaines de mines de métaux, faisant travailler plusieurs dizaines de milliers de personnes. La plus grande de ces mines pour créer de la monnaie était *Las Médulas*, au nord de l'Espagne. En 250 ans, les Romains ont sorti près de 1 600 tonnes d'or (soit 500 millions de M3 de terre remuée). À cette création monétaire massive s'ajoute l'effet réciproque de réduire la teneur en métal de chaque pièce. Une augmentation de liquidités a généralement tendance à faire chuter la valeur de la monnaie.

Le denier était l'unité monétaire de Rome, fondée au Ve siècle av. J.-C. Son poids en argent initial était de 4 g. À la fin de la République, c'était 3 g par denier.

Mais à partir des années 160 et 170, la situation se dégrade. C'est l'apogée. Comme j'en ai déjà parlé dans mon dernier livre économique, cette période cyclique a joué un rôle charnière. À partir de cette période, les régions de l'Est concurrençaient de plus en plus l'Ouest, alors que, dans le même temps, les maladies, les guerres, les catastrophes se sont enchaînées. La domination de la monnaie romaine sur toute la Méditerranée est devenue instable. À ce moment-là, on estime le ratio argent/or à 25.

S'en est suivie une dégradation massive de la monnaie durant tout le IIIe siècle. Cette dégradation fut si importante, après des siècles de création monétaire, que nous pouvons imaginer l'équivalent d'une explosion graduelle et lente de la masse monétaire qui a débouché sur une crise de confiance… L'inévitable arriva donc : quand la confiance s'effondre avec une quantité astronomique de monnaie, c'est l'inflation assurée.

Sous la République par exemple, 50 deniers (5 onces d'argent) représentaient les dépenses en céréales pour toute une famille en un an. En 300, c'est 6 000 deniers. Soit des prix multipliés par 120. Mais ce n'était que le début de la hausse... Rome a été témoin de la première « hyperinflation » enregistrée.

En 301, Dioclétien, empereur depuis 284, promulgue un décret connu comme l'Édit de Maximum (ou Édit sur le prix). Ce décret a pour objectif de geler le coût du travail et obliger les marchands à vendre en dessous d'un certain prix sous peine de très lourdes sanctions. À la surprise de l'empereur, les prix augmentent encore. Les prix imposés ont contribué à diminuer l'offre, car les profits s'effondraient. D'après Mike Maloney, la longue tradition des programmes d'aide publique à la romaine concernait près de 20 % des habitants de Rome à cette époque.

Pour pallier la crise, l'empereur a augmenté le nombre de soldats pour obliger un travail public forcé. La taille du gouvernement a augmenté et les difficultés budgétaires n'ont pu que très probablement suivre... Situation qui s'est enracinée depuis la fin du IIe siècle alors que les coûts des employés du gouvernement et des services à la population étaient de plus en plus élevés, quand bien même la corruption revenait. La dégradation monétaire était la seule option pour maintenir la stabilité de l'économie romaine. C'est ainsi qu'entre Néron et

Dioclétien, la teneur en argent du denier fut divisée par 54 (de 2,9 g à 0,04 g... loin des 4 g du début de la République). De même pour l'aureus, qui était la monnaie avec la plus grande valeur (équivalait à 25 deniers), elle est passée d'une teneur de 8,16 g d'or à son lancement sous Jules César à 5,4 g au début du IIIe siècle.

Le gouvernement perdait la confiance des populations. En 301, 16 onces d'or valaient 50 000 deniers. Au milieu du siècle, c'est près de 2,12 milliards de deniers ! Des prix multipliés par près de 42 400, soit des prix multipliés par 72 tous les mois en moyenne. C'est comme si vous achetiez votre pain 1,10 € en l'an 2020 et que 50 ans plus tard, son prix est au moins de 42 640 €.

Mais raisonnons dans l'autre sens... Si vous aviez 16 onces d'or, vous auriez largement conservé votre pouvoir d'achat. De même que pour la dégradation monétaire, si vous aviez eu de l'argent métal, vous auriez, là aussi, largement maintenu votre pouvoir d'achat... Et même très probablement fait un gain non négligeable. La chute de l'Empire romain, et le déclin simultané en Chine à partir du IIe siècle, va précipiter une période sombre, où les mines sont délaissées et le savoir-faire en métallurgie, oublié. Les monnaies comme le besant de l'Empire byzantin ou le dinar de l'Empire arabe viendront substituer la monnaie romaine. Un peu comme le Yuan aujourd'hui...

L'OR ET L'ARGENT AU MOYEN ÂGE

L'or et l'argent ont commencé à réémerger avec l'essor d'une nouvelle civilisation. Les monnaies romaines ont ainsi difficilement perduré jusqu'en 781, quand Charlemagne décida de remplacer les pièces anciennes par de nouvelles pièces. L'unité de base restera le denier, avec 1,7 g d'argent. Il va également créer la livre, qui vaut 240 deniers.

Très rapidement, dans cette nouvelle conquête des métaux, l'actuelle Allemagne se distingue en la matière. Des mines apparaissent, comme dans la Basse-Saxe, à partir de 968. Puis, au milieu du XIIe siècle, avec l'installation de moines en Bohème, se développe rapidement une riche industrie minière. En 1290, la découverte de nouveaux filons va provoquer une « fièvre de l'argent », qui fera de la ville de Kutna la première mine au monde en 1300. Parallèlement, à la Bohème, sont découverts de nouveaux filons à Meissen en 1168, sur les frontières de l'actuelle République tchèque. Rapidement, la vie s'organise autour de ces centres de création monétaire. L'extraction d'argent représentait environ 4 tonnes/an.

Les Alpes orientales avec Salzbourg suivront cette tendance (mine de Fiesach), mais aussi la Toscane.

Au-delà de la découverte des mines d'argent, nous aurions pu traiter de la dégradation des monnaies. De Byzance en passant par l'Empire ottoman, la dégradation a réellement marqué une grande partie du Moyen Âge. Comme je l'ai développé dans mon livre *2021, Prémices de l'effondrement*, cette reprise européenne se fait au détriment de la dégradation des territoires plus à l'est et au sud.

Dans le même temps, avec les croisades, apparaissent les premières lettres de change, qui ouvrent le chemin aux premières banques. Mais ne vous y trompez pas : les billets ne sont pas apparus en Europe, mais en Chine. Par ailleurs, la religion catholique limite largement le développement d'un système bancaire. C'est en outre pour cette raison que la Flandre, qui était protestante à la toute fin du Moyen Âge, va pouvoir développer un système bancaire, notamment autour des Fugger qui feront plus tard faillite sur défaut de la couronne espagnole.

Par ailleurs, nous ne pouvons donc pas parler de l'Histoire de l'or et de l'argent sans parler de Venise, qui s'est imposée par le ducat ou Florence au Moyen Âge. Venise était une ville qui s'est développée sur base de commerce avec l'Orient, ce qui ne pouvait se faire qu'avec de l'argent.

Entre 1250 et 1350, les banquiers vénitiens ont spéculé sur l'argent, du fait de sa différence de prix entre territoires. L'Afrique était plus riche en or grâce à ses mines dans l'actuel Soudan et Mali, et l'argent y était plus recherché qu'en Europe. L'Europe disposait en effet de mines d'argent, comme nous l'avons vu précédemment. Le commerce des

Vénitiens était simple : échanger de l'argent (abondant en Europe) en Égypte contre de l'or sous toutes ses formes pour ensuite le ramener en Europe. On estime que l'argent exporté par Venise vers l'Orient représentait 25 % de l'argent exploité dans les mines européennes entre 1325 et 1350. Rapidement, les pièces européennes étaient détournées alors que les banquiers vénitiens avaient le monopole sur le change entre l'or et l'argent. L'abondance d'argent en Europe s'est enracinée pendant de nombreuses années, ce qui permettait aux Vénitiens de spéculer sur une valeur de l'or en hausse. En 1275, 8 pièces d'argent correspondaient, à poids égal, à une pièce d'or. Ce ratio de 8 passe ainsi à 15 en 1325, ce qui traduisait la surabondance relative de l'argent.

Cette spéculation sur la rareté de l'or en Europe a duré jusqu'à ce qu'un riche dirigeant musulman, l'empereur du Mali, Kankou Moussa, diffusa une quantité d'or de près de 8 tonnes sur son chemin pour la Mecque. Cela a brutalement dévalorisé l'or et revalorisé l'argent, le ratio passant de 15 à 9 de 1325 à 1345, en plus des manipulations vénitiennes. Le ducat vénitien a ainsi bénéficié de cet avantage commercial de l'or.

La rareté de l'or a d'abord incité l'Europe à se convertir vers le métal jaune, car les pièces en argent se dévaluaient. C'est ainsi que Florence a vu dans un premier temps fondre sa fortune en argent de presque moitié quand le ratio est passé de 8 à

15... Cela a encouragé le passage à l'or, plus rare. Mais quand la valeur de l'or (en argent) a baissé de 40 % entre 1325 et 1345, cela a encore menacé la fortune de Florence (Florence était reconnue pour son florin d'or). La détérioration de la valeur de l'or (et la dégradation du commerce de laine) a conduit à un blocage financier. Les prêts réalisés par les grandes maisons bancaires (comme Peruzzi ou Bardi) étaient indexés à l'or. La confiance envers l'or qui s'était installée a brusquement été remise en question. Car à la détérioration de la valeur de la monnaie s'ajoute des défauts. En 1339, par exemple, le roi d'Angleterre Edouard III fait défaut définitivement sur 1,35 million de florins d'or qu'il avait massivement emprunté aux compagnies florentines. Le roi de Sicile fit de même sur 200 000 florins. Certaines grandes maisons bancaires ont alors fait faillite, comme Peruzzi en octobre 1343, ou les Bardi, 3 ans plus tard. Florence a ainsi émis de la monnaie dévaluée à partir de 1340. Car, en effet, Florence avait une dette publique de moins en moins soutenable avec la dégradation de la valeur de l'or, ce qui a contraint Florence à consolider sa dette en 1345, quand celle de Venise touchait un plus bas au même moment. L'enchaînement des faillites bancaires au début des années 1340, puis l'arrivée de la peste à partir de 1347 ne feront qu'accélérer cet effondrement, provoquant une inflation de pénurie, mais aussi une inflation sur la main d'œuvre.

S'en suivra un siècle de pénurie d'argent, poussant de nombreux émetteurs de pièces à réduire la teneur, faute d'argent. Certains spécialistes américains pensent que le cours de l'argent était à ses plus hauts entre 1450 et 1489.

RENAISSANCE ET TRÉSOR DES AMÉRIQUES

En 1451, la technique d'extraction d'argent dans les mines européennes se perfectionne avec le mercure, ce qui permet de doubler la production. Cela participe à faire la fortune de certains marchands comme les Fugger. Cet approvisionnement en argent permet l'avènement d'un système monétaire plus équilibré qui participe à cette renaissance, laissant ainsi l'apparition de nouvelles technologies. Mais cette stabilisation des systèmes n'est pas immédiate.

En 1543, sous le règne d'Henri VIII en Angleterre, les pièces en argent contenaient 95 % d'argent. Mais le manque de métal obligea une fois de plus à augmenter la masse monétaire. En 1551, les pièces ont été dévaluées à une teneur de 25 %. Autrement dit, une baisse en teneur de 73 % qui ne pouvait conduire qu'à une forte inflation.

Avec l'arrivée d'Elisabeth I en 1560 et l'arrivée d'argent des Amériques, sur les recommandations de son conseiller financier Greesham, la monnaie va retrouver sa valeur antérieure. La loi Greesham est adoptée et fait apparaître un concept jusqu'ici plus ou moins ignoré : « *La mauvaise monnaie chasse la bonne* ». Traduisant ce phénomène de thésaurisation (au profit de la monnaie avec le plus de valeur) qui prend effet quand la monnaie est dévaluée.

Du début XVIe siècle jusqu'en 1578 environ, date de défaite du roi Sébastien Ier, le Portugal dominera le commerce mondial, de l'Amérique (Brésil), en passant de l'océan Indien jusqu'au Japon.

La découverte des Amériques est un choc sur les métaux. De 1500 à 1595, 330 tonnes d'or sont expédiées, contre 2 000 tonnes d'argent. Les exportations continuent ensuite avec la découverte d'importantes mines comme le Potosí (qui a produit 4 800 tonnes) ou les autres mines du Mexique. Le Potosí a atteint un pic d'extraction en 1780 avec près de 650 tonnes. Plus proche de nous, avec l'amélioration des techniques au XXe siècle, le Mexique voit aujourd'hui une extraction d'argent dépasser des records historiques pour atteindre jusqu'à 5 278 tonnes en 2013 (presque 21 % de toute la production mondiale). En clair, entre 1930 et aujourd'hui, nous avons extrait autant d'argent que durant les 5 000 dernières années.

La découverte des Amériques a ouvert une période d'expansion monétaire. Sous le règne de Charles Quint, la couronne royale se réservait le droit de taxer à 20 % toutes les importations d'or et d'argent. Or et argent qui étaient retaxés via le droit de seigneuriage (taxe sur les pièces frappées).

On estime que cela a incité à une fraude très importante.

Cependant, l'importation de ces métaux était extrêmement délicate. Entre 1503 et 1660, 16 886 tonnes d'argent ont été importées contre 181 tonnes d'or. Les exportations connaissent de lourdes pertes. Sur les 12 premières années d'exportation, on estime que sur 391 navires partis, seuls 269 sont revenus au continent, soit 30 % de pertes. En effet, aux catastrophes naturelles s'ajoutent les actes de piraterie.

Par exemple, seuls 25 % à 29 % des importations de pesos (monnaie mexicaine avec 27,07 g d'argent) arrivaient à destination en Espagne.

À la piraterie s'ajoute la contrebande, qui est allée vendre 135 à 159 tonnes d'argent dans des territoires autres que la destination initiale. À savoir que 50 tonnes d'argent représentent la totalité des échanges vers l'Europe du Nord et vers l'Europe centrale à cette époque. Pirates, corsaires et contrebandiers ont ainsi détourné d'importantes quantités d'or et d'argent en provenance du Nouveau Monde.

Taxation et détournements ont poussé la couronne espagnole à faire défaut de paiement six fois de suite (1557, 1575, 1598 sous Philippe II et 1607, 1627 et 1647 sous Philippe IV).

D'après l'historien Hume, les stocks de métaux précieux augmentent de 400 % entre 1500 et 1800, passant de 16 200 tonnes à 81 000 tonnes. Cela provoque alors une importante inflation, principalement sur les produits alimentaires. L'inflation sur les salaires étant inférieure, cela a eu pour effet de diminuer le coût du travail jusqu'à la moitié du XVIe siècle.

L'OR ET L'ARGENT EN ASIE

L'étude de l'Histoire occidentale veut souvent que nous oubliions le fait que la Chine a toujours été une puissance à part entière. L'Asie plus généralement, dont principalement avec le Japon et la Chine, utilisaient l'argent comme moyen d'échange. En Inde, au XVIe siècle, l'argent des Amériques finissait par arriver par l'intermédiaire du commerce pour être ensuite fondu et frappé en roupies mongoles.

De son côté, la Chine du Xe siècle, sous la dynastie des Song, connaît un boom démographique grâce à un boom agricole. Nous y reviendrons, ce boom démographique provoque un boom économique. Les marchands et les commerces se développent, et petit à petit, les négociants se font banquiers. À cette époque, les monnaies en cuivre étaient trop encombrantes pour des transactions de plus en plus importantes et volumineuses. L'échange de pièces se transforme vite en échange de certificats, pour éviter de déplacer des quantités trop grandes.

En 1024, alors que déjà 60 banques sont présentes, le gouvernement va créer une monnaie officielle en papier : ce sont les premiers billets. L'idée du billet est donc différente de celle d'aujourd'hui : à l'époque, le billet servait à attester d'une somme d'argent ou d'or en réserve (l'équivalent d'un certificat). Mais rapidement, le gouvernement émet trop, ce qui, ajouté aux invasions mongoles, puis à l'apparition de la peste, met un terme au papier-monnaie à la fin du XIVe siècle. La devise a donc, par son excès papier, été dévaluée par rapport à l'argent. Cela a provoqué une sorte de pénurie d'argent quand ce système papier s'est achevé.

Une économie aussi grande que celle de la Chine à partir de la Renaissance avait un énorme besoin en argent. De la fin du XVIe siècle, quand la population chinoise représentait 25 % de la population mondiale, jusqu'au milieu du XVIIe siècle, l'argent avait un prix deux fois supérieur à celui du reste du monde. Le ratio or/argent se situait par exemple entre 1/5 et 1/7 à Canton (à 130 km de l'actuel Hong Kong). En Europe, ce ratio était de 1/12 à 1/14.

En 1580, la réforme dite du coup de fouet unique est adoptée afin de moderniser le système fiscal, alors inefficace et complexe. Les corvées et un pourcentage de la production agricole servaient d'impôts. Pour mettre fin à ce système peu efficient, Zhang Juzheng, le « Grand secrétaire » de l'empereur (alors de la dynastie Ming), décide d'impulser le paiement d'impôts en argent métal. L'argent métal à cette époque est très apprécié des Chinois, qui le préfèrent au cuivre pour des transactions moyennes.

C'est ainsi que 30 % à 40 % de l'argent provenant des mines de l'empire espagnol ont immédiatement été détournés vers l'Asie. Mais cet afflux d'argent va progressivement faire baisser la valeur de l'argent, ce qui va mettre en difficulté le gouvernement du fait de l'inflation qui diminua des recettes fixes. Cela participera à la chute de la dynastie des Ming à la fin du XVIe.

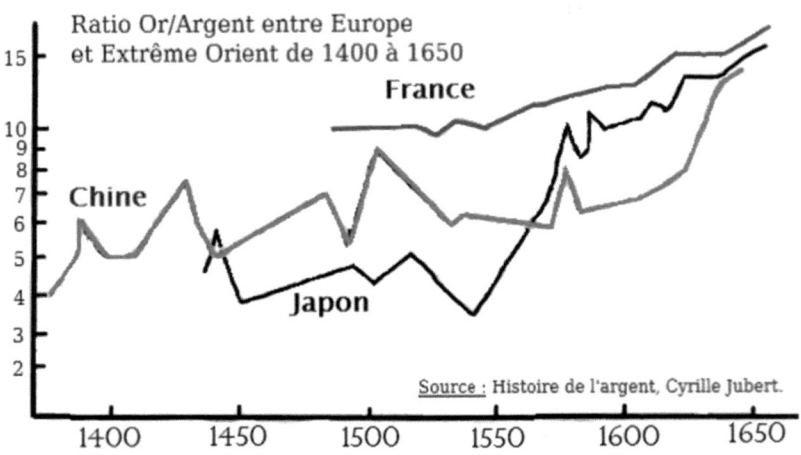

PERFECTIONNEMENT DU SYSTÈME MONÉTAIRE

Les Flandres ont fait face au même problème que la Chine, avec une trop grande diversité de devises difficilement échangeables. En 1609, le billet du « florin banco » est créé par la banque d'Amsterdam, fondée la même année. Cette banque s'octroie un monopole en interdisant les changeurs traditionnels et en interdisant le prêt des dépôts faits par les clients. Elle est considérée comme la première banque centrale.

L'Angleterre fondera la Banque d'Angleterre en 1694 pour stocker l'or et l'argent des déposants. Cela facilite donc les échanges, et l'émission de billets se fait initialement pour la même valeur en réserve.

À partir du XVIIe siècle, le billet se diffuse. C'est la naissance implicite de l'étalon-or (et/ou argent)... Le concept d'étalon est un concept moderne qui met un terme à des millénaires de monnaies en or et argent et fait apparaître des monnaies liées à l'or et l'argent. Mais l'apparition du billet et des premières banques centrales, chargées de stocker et veiller au bon usage de ce simple papier, va précipiter une distinction jamais atteinte entre devise et monnaie.

L'HYPERINFLATION DE JOHN LAW...

Ce concept de papier, qui représente une valeur qu'il n'a pas, séduit. À la mort de Louis XIV en France en 1715, le pays est surendetté. Le défaut est inévitable alors que les recettes des deux années qui suivaient étaient déjà dépensées, et la dette représentait 10 années de recettes fiscales (la dette française représentant 8 fois les recettes annuelles en 2019).

C'est alors qu'arrive en France, en 1715, un fils de banquier écossais en fuite suite à sa condamnation à mort, John Law. En France, il propose un concept nouveau... Les grandes banques de Stockholm, Londres, Amsterdam ou Nuremberg garantissaient les billets contre la possibilité de retirer à tout moment leur équivalent métallique. John Law propose, lui, d'aller plus loin : garantir la valeur des billets par les revenus des terres agricoles et ne pas permettre la convertibilité contre cette valeur à un moment voulu. Autrement dit, la devise serait quasi flottante. Cette idée est d'autant plus utile que les importations de métaux commençaient à manquer. Ce système séduit le régent, le duc d'Orléans, qui, en 1716, lui confie la Banque générale, mais toujours sur le concept hollandais de réserves. Cela lui donne le droit d'émettre des billets, et il ne manquera pas d'émettre plus de billets qu'il n'a d'or et d'argent en réserve. Ces billets ont été les premiers billets garantis par l'État à partir de 1718, via la Banque Royale. Mais, là encore, ces billets étaient une fraude par rapport au système précédent.

Le succès est fulgurant. Pourtant, l'émission massive pousse la hausse des prix sur des records. Les prix de l'immobilier sont multipliés par 20. Néanmoins, Law est perçu comme un génie économique, et cela pousse même le duc d'Orléans à lui donner le droit de faire tous les échanges avec le Mississippi, puis, plus tard, avec la Chine, l'Est et les mers du Sud. Il lance donc la Compagnie d'Occident en 1717, qui devient la Compagnie des Indes en 1719, qui obtient le monopole d'émission monétaire. Comme j'en ai parlé dans mon dernier livre, ces compagnies qui établissent les échanges avec les territoires lointains sont parmi les premières cotations boursières. « Cotations boursières » qui s'envolent très rapidement. La bulle finit par éclater en 1720, le krach entre dans l'Histoire.

Ce krach provoque une rupture de confiance qui pousse Law à interdire la détention de plus de 155 grammes (500 livres) de métaux précieux. Le 11 mars de la même année, il suspend la valeur libératoire de l'or. Mais cela ne suffit pas ; la banqueroute est promulguée quelques mois plus tard avec la fermeture de la banque et la destitution de Law. Ayant déjà subi une dévaluation de 50 %, les billets sont suspendus le 10 octobre 1720. La chute de Law fut aussi rapide que son ascension.

La demande massive d'achat d'or et d'argent, seul moyen d'échanger la représentation de valeur du billet contre une valeur tangible, pousse rapidement les stocks vers le bas. Quand l'or manquait, on passait à l'argent, puis au cuivre.

On observera le même phénomène en 1763 à Amsterdam. Les banques avaient prêté de l'or et de l'argent, principalement pour financer la Guerre. Cela a provoqué une spéculation sur les matières premières. Quand ces spéculations se sont effondrées, la demande d'or et d'argent a augmenté, mais

L'or et l'argent

elle ne pouvait être assurée. La faillite concerna 16 banques à Amsterdam et près de 48 en un mois à Hambourg.

Après l'hyperinflation de 1720, la France reproduit le procédé en 1793. En 1789, encore une fois, les finances royales sont au bord du gouffre et la moitié du budget est consacrée à l'amortissement de la dette (pour la France, c'est 1/3 du budget en 2019). Avec la Révolution, Talleyrand propose de nationaliser les biens du clergé, qui représentent 2 à 3 milliards de livres (la dette est de 4 à 5 Mds). Mais la mise en vente des biens est plus longue que les échéances qui approchent... L'État décide alors de créer des billets assignés (garantis) sur les biens du clergé, les assignats. L'achat d'un bien du clergé doit ainsi passer par l'achat d'assignats afin de renflouer les caisses.

Une première émission de 400 millions de livres est réalisée. Mais le 17 avril 1790, il faut plus : l'assignat devient un papier-monnaie. L'État émet donc plus qu'il n'a en valeur. Cela pousse le ministre des Finances, Jaques Necker, à la démission. L'assignat perd 60 % de valeur entre 1790 et 1793. Rapidement, le commerce de métaux précieux est contrôlé, puis interdit en novembre 1793. Simplement, car la valeur des métaux, les seuls en capacité de garantir la valeur, sont extrêmement demandés pour substituer la devise gouvernementale. Début 1794, on compte des assignats pour une valeur de près de 8 milliards de livres... alors que le maximum était initialement fixé à 3 milliards. C'est 10 milliards de livres d'assignats en août 1795, et 45 en janvier 1796. Conséquence directe : entre janvier 1791 et juillet 1796, les prix augmentent de 304 %.

LA RUÉE VERS L'OR

En 1848, alors que l'Amérique de l'Ouest est encore peu considérée, la fièvre de l'or fera de ce territoire un lieu mondialement connu.

Tout commence quand John Sutter, originaire de Suisse, s'installe dans l'Ouest. Il crée ainsi un village fortifié, Sutter Fort. Après avoir participé à libérer Yuerba Buena, qui deviendra américain (San Francisco), John Sutter participe avec quelques pionniers à reconstruire une partie de son fort qui a été dégradé durant la libération de Yuerba Buena. Il monte donc une scierie pour fournir du bois. Dans les travaux, Marshall, un charpentier qu'il a engagé, découvre de l'or 23 carats. C'est le 14 janvier 1848. Dès lors, les ouvriers qui participent à la scierie se précipitent pour acheter des outils afin d'extraire l'or. Ils achètent ces outils dans la boutique de Samuel Brannan, un journaliste et éditeur du journal local *California Star*. En mars 1848, il fait une publication sur la découverte d'or. L'effet sera mondial.

En décembre 1848, le nombre de chercheurs d'or arrive à 6 000. En 1849, 90 000 personnes feront leur arrivée. Le pic d'extraction fut atteint en 1852 avec 121 tonnes. Mais ce rush sur l'or a aussi provoqué des rushs aux quatre coins du monde (Australie, Sibérie, puis plus tard en Afrique du Sud, Canada...). On estime ainsi que 90 % de l'or du monde a été extrait après 1848.

BIMÉTALLISME

Nous l'avons vu, l'or a toujours eu une valeur supérieure à l'argent. Ces deux métaux, avec parfois le cuivre ou le bronze, constituaient un système monétaire. Or et argent étaient donc le fondement d'un système monétaire nommé bimétallisme. On notera cependant l'importance de l'argent, qui a été bien plus utilisé que l'or en tant que moyen d'échange, principalement du fait de sa quantité.

En Europe, le système monétaire s'est graduellement unifié à partir de la Révolution française. Premièrement, la création du franc par Napoléon en mars 1803, fixé à un poids de 4,5 g d'argent, va permettre la fondation d'un nouveau système extrêmement stable. Dans ce système bimétallique, l'once d'or valait 15,5 onces d'argent.

Mais après 1848, avec un afflux massif d'or, le système bimétallique se décorrèle (la valeur de l'argent augmente du fait de l'instabilité politique au

Mexique, premier producteur d'argent alors, et celle de l'or diminuant). L'argent s'impose donc comme une monnaie de référence à la frappe, mais aussi à la thésaurisation. Sous le Second Empire, entre 1856 et 1864, on estime à 88,4 millions le nombre de pièces en argent frappées.

Pour tenter de pallier cette problématique européenne de baisse de l'or, la Suisse, la Belgique, l'Italie et la France créent en 1865 la première union monétaire, avant l'arrivée de la Grèce en 1868. Cette union est connue sous le nom d'Union latine. Dans l'ensemble de ces pays sont frappées des pièces de même diamètre, de même poids et de même valeur. Le but était, exactement comme pour l'euro, de pouvoir réaliser facilement des échanges entre ces pays.

Seulement, quelques années après, ce système se confronta à la hausse de l'or, alors que la production d'argent était en pleine expansion. L'argent se dévalua, ce qui équivalait à une dégradation... Mais pas l'or. De toute évidence, sous l'ancien ratio, la valeur que représentaient ces pièces permettait d'obtenir plus d'or pour la même quantité d'argent. Autrement dit, l'argent métal valait moins que la valeur sur la pièce. Autour de 1870, l'achat d'argent pour 16 francs, par exemple, permettait de frapper 4 pièces de 5 francs. 4 pièces de 5 francs qui pouvaient donc être échangées contre une pièce en or de 20 francs. Rapidement, via le Congrès de 1867, le système se convertit vers l'étalon-or.

Les banques centrales voient rapidement leurs réserves d'or augmenter pour éviter la dévaluation de l'argent. Cela conduira à la dissolution de la convention sur le « bimétallisme » en 1927, au profit futur d'un nouvel étalon-or.

LA SPÉCULATION DE 1869

Dans mon dernier livre, je suis déjà revenu sur la panique financière de 1869 sur l'or. Avant la guerre de Sécession aux États-Unis (1861-1865), le dollar était échangeable contre de l'or au cours de 20,67 $. L'or a atteint un pic en septembre 1869, à 162 $ (en termes de billets Greenback). Les billets Greenback étaient des billets imprimés pendant la guerre de Sécession, et leur valeur n'était justement pas fixée à l'or. Leur valeur évoluait donc en fonction des inquiétudes sur le remboursement de la dette du gouvernement.

1869 fut une des hausses les plus spectaculaires sur l'or. Septembre 1869 fut indubitablement la date d'un évènement stratégique sur l'or, en lien avec des régularités de confiance. À cette époque, la confiance envers les gouvernements était au plus bas. Le tristement célèbre « Vendredi noir » tire d'ailleurs son nom du 24 septembre 1869.

Tout commence par des spéculateurs qui ont tenté de conquérir le marché de l'or, dont Jay Gould et James Fisk, principalement. Les spéculateurs ont sollicité des responsables fédéraux de l'administration des subventions. Justement pour faire monter les prix de l'or avant que le gouvernement, après la guerre civile, ne revienne à l'étalon-or.

En effet, le gouvernement du président Ulysses S. Grant avait pour objectif de revendre une grande partie des réserves en or pour payer la dette. Vente d'or afin de stabiliser le dollar et ainsi booster l'économie. Le but étant donc pour les spéculateurs de contraindre le gouvernement à accepter le cours de l'or tel qu'ils étaient échangés à la Bourse de New York. L'anneau d'or, comme on l'appelait alors, dirigé par Jay Gould (ancien employé de campagne qui a pris possession de la moitié du réseau ferroviaire de l'époque), avait pour objectif de vendre quand le gouvernement prendrait la décision de vendre lui-même. Autrement dit, quand l'offre reviendrait. Puis, dès le 1er septembre, les deux spéculateurs ont entamé leurs achats massifs. Le 1er septembre, ce fut pour 1,5 million de dollars au nom de Betterfield (trésorier) et de Corbin (financier).

Le 20 septembre, Fisk et Gould ont acheté de l'or à New York de manière très agressive. Leurs actions dans l'anneau d'or sont décrites de manière frappante dans le récit suivant du *New York Times* :

« L'excitation à Wall Street hier était encore plus grande que la veille lorsque la "rue" a été soudainement effrayée par la baisse rapide du prix du stock de Central Railroad et par la progression tout aussi rapide des cours de l'or. Les violents mouvements de mercredi ont toutefois préparé les opérateurs à un "terme chauffant" hier et, tôt dans la matinée, au moins deux heures avant l'ouverture de la Gold Room et des Stock Boards, les courtiers et leurs clients ont commencé à faire leur apparition autour des points d'attraction centraux, des rues et des rues adjacentes. À 9 heures, les parties belligérantes à la spéculation sur l'or avaient commencé à se tirer des coups, et il apparut dès le début que la partie taureau avait un avantage qu'elles étaient susceptibles de conserver pendant la journée. Les transactions ont été immédiatement effectuées à 142,50 dollars, ou plus d'un point au-dessus des chiffres les plus élevés de la veille ; et bien que lors de l'ouverture régulière des entreprises, la cotation fût inférieure de 1 % à ce qui avait été touché auparavant, le parti bull a rapidement montré qu'il n'avait pas épuisé ses forces dans cette lutte de la veille. En peu de temps, dans un climat d'excitation intense, le prix a commencé à grimper et a rapidement atteint 144 et 144,25. »

Le 24 septembre, Fisk et Gould contrôlaient suffisamment l'offre d'or disponible dans la ville pour faire grimper le prix à 162 dollars l'once. L'augmentation du prix a pris les gens de court. Comme prévu, les deux spéculateurs ont revendu juste avant que le gouvernement ne prenne la décision de vendre ses réserves dans l'urgence pour faire baisser le prix.

À cette époque, une hausse de l'or impliquait effectivement une baisse future du dollar, qui allait impacter les fermes américaines. Tandis que Gould retirait progressivement ses positions le 24 septembre, dès que l'or est arrivé au prix de 155 $ l'once, le président a ordonné la vente pour 4 millions de dollars en or. Mais voilà, le gouvernement admettra après avoir fait une erreur de communication : ce n'était pas pour 4 millions, mais pour 400 000 $. En 15 minutes, sous l'effet de l'annonce d'arrivée d'offre pour 4 millions, le prix de l'once d'or est passé de 160 $ à 133 $ (en termes de Greenback).

La panique s'est diffusée quand les gens ont tenté de retirer l'or de leurs banques. Cela a en outre mené à l'assassinat des banquiers à Wall Street. Les émeutes de ce « Vendredi noir » ont poussé le gouvernement à agir. Jay et Gould, qui avaient déjà participé à des manipulations sur actions, ont réalisé près de 11 millions de dollars de bénéfice. Cette panique conduisit à la fermeture de la moitié des banques et entreprises de New York.

LA FIN DU BIMÉTALLISME AUX ÉTATS-UNIS

Alors que le bimétallisme est mis à mal en Europe, il s'effondre aux États-Unis par le « Coinage Act » de 1873. Cette fin du bimétallisme s'explique, comme il est souvent habituel de remarquer, par une forte baisse de la valeur de l'argent. Cette baisse s'explique par la découverte de nombreuses mines d'argent dans l'Ouest américain (comme la mine du Comstock Lod et les multiples petites mines artisanales) principalement. Les mineurs trouvaient généralement 16 fois plus d'argent que d'or.

De son côté, le gouvernement fédéral, qui permettait la libre frappe de monnaie, était dans l'obligation de racheter l'argent métal que pouvaient ramener les personnes dans les établissements de frappe agréés. De toute évidence, une augmentation de l'argent en circulation faisait baisser la valeur de celui-ci. Le gouvernement rachetait donc l'argent pour une valeur plus importante que sa valeur réelle. Ce qui participait par ailleurs à dégrader la valeur intérieure du dollar, le taux de change étant fixe. Pour mettre fin à cette situation, le gouvernement décide d'abandonner progressivement l'argent, en réduisant le nombre d'ateliers monétaires et en supprimant trois types de pièces d'argent. Rapidement, cette décision sera qualifiée de « crime de 1873 » en raison de ses effets néfastes envers les mines d'argent, mais aussi de ses effets déflationnistes. La conséquence fut en grande partie un élément déclencheur à la Grande Dépression qui dura pendant plus de 20 ans.

Ce « Coinage Act » a indubitablement participé à la dépréciation de l'argent. En 1873, alors que le ratio or/argent est aux alentours de 16 (et ce depuis le « Coinage Act » de 1834), le ratio passe à plus de 38 en 1903, soit 30 ans plus tard.

L'ÉTALON-OR

Le principe de l'étalon-or est tout simple : garantir la valeur de la devise en question par un équivalent en or métal. Autrement dit, la masse monétaire est fixée à la quantité or disponible. À l'échelle mondiale, un pays qui était en déficit commercial devait ainsi exporter de l'or. Cette raréfaction de l'or produisait un effet déflationniste qui faisait remonter les taux internes, attirant ainsi des capitaux étrangers. Ce processus de stabilisation de la balance des paiements est aussi connu sous le nom de « mécanisme de Hume ». Cela traduisait un ajustement automatique des taux de changes, qui étaient donc fixes (jusqu'en 1914), définis selon une quantité d'or. Mais l'étalon-or nécessitait : 1/ la libre circulation des capitaux (de l'or) pour pouvoir correctement fonctionner, et 2/ la non-dégradation de la devise par rapport à son équivalent or sous peine de déstabiliser l'ensemble du système international.

L'étalon-or est au cœur du débat économique, et nous y reviendrons. L'or peut se résumer à son lien étroit avec le système monétaire, avec ou sans étalon. L'Histoire de l'étalon-or entre les années 1870 et les années 1930 est impérative pour comprendre à la fois l'Histoire du métal et l'Histoire du système monétaire.

Peu à peu, le monde se convertit à l'étalon-or dans les années 1870. Ce système, qui consistait en un taux de change fixe des devises, a duré jusqu'à la Première Guerre mondiale. À cette époque, la devise au pouvoir de réserve était la livre sterling. Le Royaume-Uni avait une position majeure dans l'exportation de capitaux, ce faisant via des « balances sterling » (avoirs en sterling pour les puissances étrangères). Cette position de supériorité monétaire a rapidement poussé la Banque d'Angleterre à prendre l'habitude de ne pas couvrir l'ensemble des réserves bancaires et billets à 100 %, mais plutôt autour de 30 % à 40 %. Par la suite, durant la Première Guerre mondiale, avec le financement du déficit, la convertibilité de nombreuses devises en or fut suspendue alors que de nombreux États ont cherché à obtenir de l'or supplémentaire.

De 1919 à 1926, le flottement libre prédominait dans les économies, principalement à cause des effets inflationnistes de la Guerre. La France retourna à l'étalon-or avec la stabilisation Poincarré de 1926 et l'Empire britannique ne retourna qu'en 1925 à une circulation internationale de l'or après avoir vécu une surévaluation de la livre sterling dès 1921.

Le retour à un étalon fut décidé durant la conférence de Gênes de 1922. Il a ainsi été décidé d'un système d'étalon de change-or. Autrement dit, au lieu d'échanger directement de l'or entre eux, les pays ont décidé d'accepter des avoirs de changes extérieurs, convertibles en or. À ce moment-là, le dollar s'est imposé comme réserve aux côtés de la livre. En effet, les États-Unis sont devenus les plus grands détenteurs d'or en 1918, ce qui leur a donné un fort pouvoir d'achat, ayant jusqu'à presque 46 % des stocks d'or mondiaux en 1924.

En 1927, alors que le retour à l'étalon-or arrive à terme, la non-convertibilité des billets en or et la limitation de la circulation des pièces or ont mis à mal l'ajustement automatique qui opérait avant la Guerre. La convertibilité n'était effective qu'entre les banques centrales à hauteur de 40 %.

Par ailleurs, la livre étant surévaluée par rapport au franc ou au mark, les réserves détenues par la France et l'Allemagne ont été changées en or, ce qui a considérablement fait progresser les stocks de ces pays. Les stocks d'or de la France passent de 7,7 % des stocks d'or mondiaux en 1926 à près de 24 %, 5 ans plus tard. Avec l'arrivée de la Grande Dépression, la fonte des stocks d'or britanniques et américains s'est accélérée. Aux États-Unis, la diminution des stocks est encouragée à partir de 1927 par un durcissement des taux contre la spéculation et la croissance monétaire des années 1920. Pour les Britanniques, c'est en septembre 1931 (Gold Standard Amendment Act) qu'est décidé un flottement administré. La surévaluation de la livre était un problème majeur pour l'économie britannique depuis de nombreuses années. Après une multiplication par 2 de la masse monétaire entre 1914 et 1925, alors que la livre est revenue à sa parité d'avant-guerre avec l'or en 1925 (4,25 £/once), cela a eu pour conséquence d'instaurer une forte pression déflationniste. Le prix de l'once aurait dû doubler à 8,5 £ l'once en 1925, mais le maintien coûte que coûte de la parité a grandement affecté l'économie britannique.

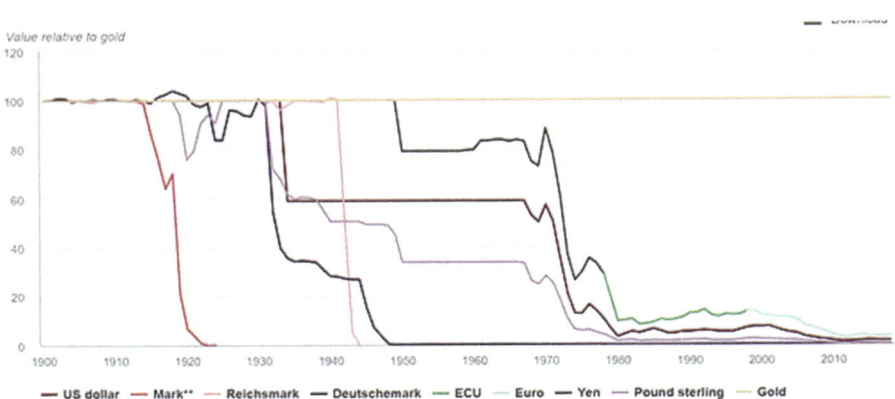

Comme le montre le graphique, les dévaluations se sont enchaînées. La dévaluation d'une monnaie dans un système international étalonné est équivalente à de la triche. Le pays qui abaisse la convertibilité or se retrouve avec une monnaie meilleur marché qui est plus propice aux exportations (à l'afflux interne d'or). Les pays étrangers sont donc dans l'obligation de dévaluer à leur tour pour rester compétitifs et ne pas être impactés. C'est une course à la dévaluation qui s'engage, chacun cherchant à tirer un bénéfice aux dépens du voisin, qui est obligé de le répercuter à son tour et ainsi de suite... Bref, un peu comme aujourd'hui avec l'obligation de faire des politiques de QE massives pour maintenir un change stable : c'est la course à la dégradation de la monnaie. Un processus dont ne peut que bénéficier l'or, étalon ou pas. Ces dévaluations ne sont qu'une partie du carnage monétaire de ces derniers siècles. Pour la parenthèse, d'après Ray Dalio, depuis 1700, on estime à 750 le nombre de devises ayant existé. Seules 20 % existent encore et elles ont toutes été dévaluées.

Les dévaluations se sont ainsi enchaînées avant et après la Grande Dépression : la France, en 1928, dévalue pour payer sa dette, ce qui mène au total à 80 % de moins que la valeur initiale or de 1803. Ensuite, le Royaume-Uni en 1931, par la non-convertibilité et pour mettre fin à une surévaluation, le Japon en novembre 1931 ; les États-Unis, en 1933, dévaluent de 40 %, la France, en 1936, de 35 %, etc.

La croyance derrière laquelle l'or a causé la Grande Dépression n'est pas exacte. C'est plus la gestion de celui-ci qui en est la cause. Mais manifestement, l'idéal d'un étalon-or pour tenter de retrouver une stabilité de la masse monétaire est vite parti en fumée…

L'HYPERINFLATION DE WEIMAR

Nous ne pouvons pas parler de l'Histoire monétaire sans traiter du plus célèbre des évènements monétaires : l'hyperinflation de Weimar. J'y suis longuement revenu dans mon livre *2021, Prémices de l'effondrement*, mais je crois qu'il est important de brièvement rappeler cet épisode de l'Histoire monétaire. Et c'est durant ce genre de périodes bien répétitives que l'or joue pleinement son caractère de valeur refuge.

Comme nous venons de le voir, la Première Guerre mondiale a marqué une césure dans l'étalon-or. Pour financer le déficit de la Guerre sous l'empire allemand, le nombre de marks en circulation a quadruplé pendant la guerre. Un peu comme aujourd'hui, où la masse monétaire est multipliée sans aucune limite à chaque crise. Mais pendant la guerre, la thésaurisation prévalait, et les prix n'ont augmenté que de 139 %. Ce n'est qu'au sortir de la guerre, quand la confiance est revenue, que les prix sont montés une première fois.

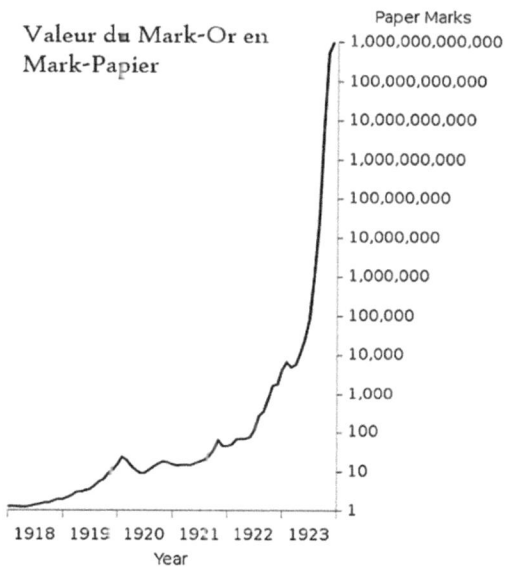

Comme nous pouvons le voir, et comme il est souvent habituel de remarquer dans le processus d'hyperinflation, les prix ont fortement grimpé jusqu'à fin 1919. Avant la guerre, il fallait environ 100 marks pour une once d'or. En 1920, c'est 1 000 à 2 000 marks[1]. Autrement dit, après la guerre, les Allemands ne pouvaient acheter que 10 % de ce qu'ils pouvaient se payer avant la Guerre avec un même mark. En 1920, et sur la première moitié de 1921, les prix ont diminué leur augmentation du fait de la reprise économique. Mais les dettes de la République, présentes à cause des réparations qui devaient être versées aux vainqueurs et qui repré-

---

[1] Source: *guide to investing in Gold & Silver*, Michael Maloney, 2008.

sentaient 110 % du PNB de 1913, ont obligé le gouvernement à faire appel à la création monétaire.

L'Histoire monétaire parle d'elle-même, la dette publique a mené droit à l'hyperinflation. La dette devait impérativement être payée à cause de la menace étrangère. Menace qui est même allée, en janvier 1923, jusqu'à une occupation de la Ruhr (région de l'Ouest) par les troupes françaises et belges pour contraindre la République. Entre l'été 1921 et juillet 1922, les prix ont augmenté de 700 %. À partir de là, une deuxième perte massive de pouvoir d'achat n'est plus tenable : la confiance envers le gouvernement tombe et la machine s'emballe... Pour maintenir coûte que coûte la confiance et la stabilité, le gouvernement était obligé d'imprimer encore plus de devises, ce qui aggravait encore la situation. La planche à billets tournait jour et nuit. D'après le *New York Times* du 9 février 1923, la République avait 33 imprimeries qui émettaient 45 milliards de marks chaque jour ! C'est 500 quadrillions de marks par jour en novembre 1923 (non, ce n'est pas une erreur de frappe) !

Une paire de chaussures que vous auriez payée avant la Guerre 12 marks se paye 30 000 milliards (30 trillions US) de marks en novembre 1923. Un simple œuf passe de 0,08 mark à 80 milliards. Entre 1919 et novembre 1923, les devises en circulation passent de 29,2 milliards de marks à 497 quintillions (497 millions de quadrillions) de marks !

Au-delà des brouettes de billets, tapisser les murs se faisait avec des billets devenus meilleur marché que la tapisserie elle-même... Pourtant, on en oublie souvent les pays voisins, aussi témoins de processus de forte inflation, qui se sont produits à peu près simultanément en Autriche-Hongrie. L'effondrement monétaire a participé à l'émergence de marchés noirs, de devises locales (comme celle impulsée par Michael Unterguggenberger).

L'AVÈNEMENT DE LA MONNAIE-CRÉDIT

« *Seuls l'or et l'argent sont des monnaies, tout le reste n'est que crédit.* » J.P.Morgan.

Nous ne pouvons dissocier l'or de l'Histoire monétaire. Une Histoire extrêmement répétitive pour chaque civilisation. Un des évènements marquants et clés dans l'Histoire monétaire, et pas si lointain qu'il n'y paraît, est la création de la Federal Reserve.

Bien que le concept de Banque centrale apparaisse au XVIIe siècle en Suède et en Angleterre, celle-ci prend une place prédominante aux États-Unis. Le Federal Reserve Act fut adopté de manière assez fourbe dans la nuit du 22 au 23 décembre 1913, entre 1 h 30 et 4 h 30 du matin. Officiellement créée pour diminuer les privilèges des banquiers de Wall Street, la panique de 1907 étant encore dans toutes les mémoires, le Federal Reserve

Act institut le pouvoir de création monétaire pour la FED, sous condition d'avoir 40 % de réserve « lawful money » (de l'or ou assimilé) envers le Trésor américain. Ainsi s'ajoute une nouvelle institution au système de réserve fractionnaire (ou effet multiplicateur du crédit). On attend par système de réserve fractionnaire le processus économique suivant :

- À un taux de réserve de 10 %, un dépôt de 100 $ de la part d'un client permet à la Banque de reprêter 90 $ à un autre client. Ces 90 $ deviendront un dépôt dans une autre banque, qui, à son tour, gardera 9 $ en réserve (10 %) et prêtera 81 $... Le processus se répète encore et encore... Donc, pour création de 100 $, le système peut créer 90 $ de crédit au premier agent, 81 $ au deuxième, 72,9 $ au troisième et ainsi de suite... Le graphique ci-dessous nous montre clairement l'effet multiplicateur du crédit en fonction du taux de réserve appliqué.

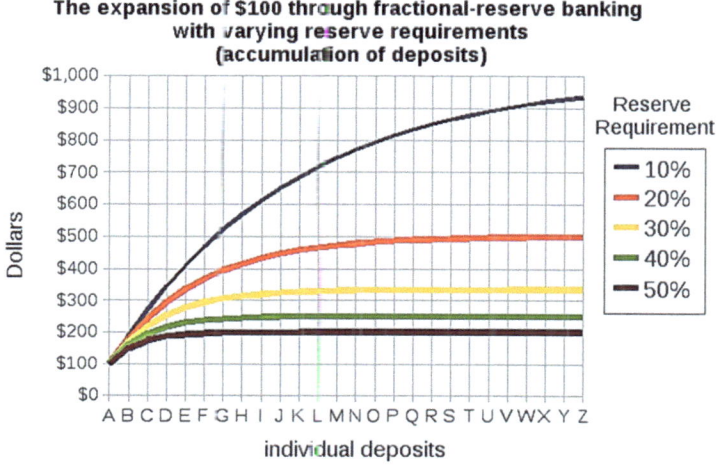

Après la Première Guerre mondiale et la stimulation des exportations américaines avec la demande européenne en guerre, les États-Unis avaient accumulé d'importants stocks d'or. Réserves en or qui ont procuré un fort pouvoir d'achat aux Américains jusqu'à la Grande Dépression. Quand la FED a institué, fin 1913, un système de réserve central sur un système de réserve commercial, avec un taux de réserve à 40 %, la FED pouvait créer 100 $ à partir de rien avec 40 $ en équivalent or. À partir de cela, les banques commerciales, sous un taux de réserve de 10 % les concernant, pouvaient créer un prêt de 900 $ (10 fois la réserve créée minorée de 10 %)... L'effet multiplicateur du crédit fait la suite...

Par essence et pour la parenthèse, le système de réserve fractionnaire est un fondement de tout progrès. Si le crédit devait être délivré en attendant qu'un client puisse déposer le montant désiré à l'emprunt, alors beaucoup moins de crédits seraient accordés. En d'autres termes, le système de réserve fractionnaire est un levier au développement en enlevant des barrières limitatrices aux échanges (le manque de liquidités). Ainsi, le système de réserve fractionnaire crée ce qui n'existe pas encore (du moins, en théorie).

De toute évidence, avec d'importants stocks d'or, le crédit ne pouvait que se démultiplier comme jamais avant dans l'Histoire du pays. C'est ainsi que le crédit, essentiellement réservé à certaines classes sociales jusqu'alors, s'est démocratisé comme jamais auparavant. Les Américains se sont mis à acheter des voitures, des maisons, des besoins courants, à crédit !...

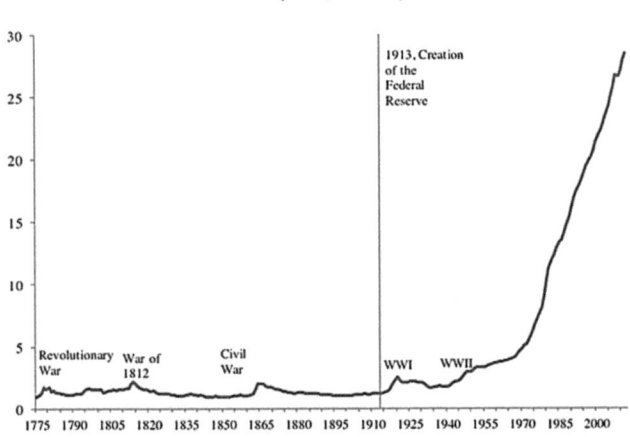

Figure 1. Consumer Price Index, United States, 1775-2012 (level, 1775=1)

Sources: Bureau of Labor Statistics, Historical Statistics of the United States, and Reinhart and Rogoff (2009).

Comme le montre le graphique ci-dessus, il y a eu deux points tournants pour les prix : 1913 et 1971. La hausse des prix s'est vraiment accélérée à partir de 1913 aux États-Unis. Jusqu'ici, l'économie était logiquement soumise à une quantité de devises quasi constante. La croissance ne se faisait donc pas par l'inflation, mais par l'utilisation de la devise (le nombre d'échanges réalisés) ! ... Quand l'inflation est arrivée, grâce au crédit, ou plutôt la monnaie-crédit, celle-ci a complètement modifié les comportements, ce qui a participé à une hausse phénoménale de la demande. En a découlé le boom américain qui s'est confronté une première fois à la Dépression de 1921, puis à celle de 1929...

Par ailleurs, comme le dollar servait de réserve à l'international pour les autres banques centrales, cela amplifiait encore l'effet multiplicateur du crédit. Une Banque centrale étrangère qui détenait 100 $ (étalonnés par 40 $-or) pouvait ainsi, à un ratio de 40 %, par exemple, créer 250 $. 250 $ qui allaient être ensuite multipliés selon le taux de réserve des banques commerciales... On assiste ainsi à une démocratisation générale du crédit créé en tant que « monnaie ». Le système de réserve pouvait se résumer à une triple pyramide basée sur l'or : un système de réserve international sur un système de réserve central, lui-même reposant sur un système de réserve commercial.

C'est ainsi que le monde s'est quasi complètement converti vers un système où la devise devenait de la dette. Aujourd'hui, tous vos produits sont des dettes : votre compte bancaire est une dette de la banque envers vous, votre retraite (par capitalisation) est une dette, votre assurance vie ou votre livret A sont des dettes, etc.

L'OR ET L'ARGENT DANS L'ENTRE-DEUX-GUERRES

Alors que le Mexique, pesant près de 1/3 de la production mondiale d'argent, connaît une révolution et de fortes tensions civiles entre 1910 et 1920, la production minière d'argent et de cuivre chute alors de 65 % et la production d'or de 80 %.

Durant la Première Guerre mondiale, l'argent était toujours utilisé comme devise intérieure (et l'or servait de devise dans les échanges mondiaux). Le besoin de financement durant la Guerre va obliger à l'augmentation de la frappe de pièces. Aux États-Unis, la frappe de pièces en argent va passer de 3 millions en 1913 à 9 millions en 1916 pour atteindre jusqu'à 29 millions en 1917. Mouvement favorisé par la baisse du prix de l'argent, qui passe de 0,58 $ l'once en 1914 (à New York) à 0,46 $ en septembre 1915. Mais tous les surplus d'argent se sont rapidement trouvés épuisés par la demande mondiale de frappe, et les prix sont remontés à 0,77 $ en 1916 et 1,08 $ en 1917, et ont culminé à 1,37 $ en novembre 1919.

Cette hausse du prix de l'argent a posé des problèmes monétaires comme avec la roupie en Inde, où la valeur intrinsèque pouvait excéder la valeur faciale. Situation qui a obligé les Britanniques et les États-Unis à réagir avec la loi Pittman d'avril 1918. En France, en 1926, cela a contraint le gouvernement à offrir une prime pour récupérer une partie des 2 milliards de francs en pièces d'or et d'argent qui auraient été thésaurisées. La reprise de la production va progressivement ramener les prix de l'argent sur de faibles niveaux, accompagnée de la faible nécessité de frappe, et poussera le prix à 0,29 $ l'once en décembre 1929.

Avec l'arrivée de la Grande Dépression, la dépréciation des actifs et la valorisation de la devise ont provoqué une pénurie d'or et d'argent, en particulier aux États-Unis. En avril 1933, le président démocrate Roosevelt interdit la détention d'or pour les particuliers, rachetant l'or à 20,67 $ l'once. Pour les chanceux qui ont pu éviter la reprise, l'or sera ré-évalué à 35 $ l'once en janvier 1934.

L'argent n'échappera pas au gouvernement fédéral en juin 1934, qui nationalisera les mines et l'argent détenu par les particuliers. Cette hausse de la demande va provoquer une hausse du prix de l'argent, repassant de 0,24 $ à 0,82 $ l'once.

LA CHINE OU L'ARGENT OR !

Au XVIIIe siècle, la Compagnie des Indes orientales se lance dans un commerce clandestin de l'opium avec la Chine, essayant ainsi d'obtenir de l'argent métal. L'opium ayant une valeur 10 fois supérieure en Chine qu'en Inde, les Britanniques étaient au cœur du trafic. Quand l'empereur de Chine a interdit ce commerce, les Britanniques ont riposté en 1842, obtenant Hong Kong et la tolérance du commerce d'opium. Après ces hostilités autour de l'opium et de l'argent, qui du fait de son prix en Chine constituait une manne d'argent métal pour les négociants, la Chine a conservé une très haute considération pour l'argent.

La Chine est un cas très intéressant en matière d'or et d'argent. En 1933, la Chine détenait 1 700 millions d'onces d'argent (plus de 48 000 tonnes), contre 1 050 millions d'onces pour les États-Unis (près de 30 000 tonnes). Shanghai avait les plus grandes réserves d'argent du pays du fait de la concentration de banques privées chinoises et étrangères. Jusqu'en 1927, le système bancaire chinois était relativement libre, les banques pouvant émettre des billets gagés par de l'argent. En 1928, les banques sont contraintes, via le beau-frère Soong du président du gouvernement central de la République de Chine, Tchang Kaï-Chek, d'acheter des obligations gouvernementales à haut rendement. En 1932, les banques de Shanghai possèdent 50 % à 80 % de ces obligations.

C'est en 1934, quand Roosevelt décide de racheter le maximum d'argent possible, que le prix de l'argent en Chine triple entre 1933 et 1935, multipliant par trois le poids des dettes en Chine. C'est ainsi qu'en novembre 1935, les nationalistes annoncent la création d'une monnaie fiduciaire sans contrepartie d'argent et met à mal l'attrait des Chinois pour le métal blanc.

BRETTON WOODS ET SON EFFONDREMENT

Comme nous l'avons vu, la crise de 1929 a provoqué un effondrement du système d'étalon change-or. Encore une fois, les gouvernements ont été en incapacité de maintenir un système étalonné. Les conséquences de l'échec des systèmes étalons avec un fort taux d'endettement, ajoutées à la Grande Dépression, ont mené droit à la Seconde Guerre mondiale. Au sortir de la Guerre, donc, il était question de rebâtir le système monétaire. Ce fut tout l'enjeu de la conférence de Bretton Woods en juillet 1944. Alors que les États-Unis détenaient près de 2/3 des réserves d'or officielles, il paraissait évident d'instaurer un système étalon-or, avec une prédominance du dollar.

Lors de cette conférence, l'idée de Keynes, qui représentait alors le Royaume-Uni, était d'établir une monnaie supranationale (BANCOR). Keynes a très certainement bien saisi le fait que Bretton Woods allait écrire l'Histoire en faveur des États-Unis.

Pour John Maynard Keynes, le BANCOR devait être distribué par un organisme supranational aux diverses banques centrales. Les devises nationales seraient ensuite liées par un taux de change fixe au BANCOR. Par ce processus, il n'y aurait pas de dépendance au dollar.

De l'autre côté, il y avait les propositions de l'économiste Harry Dexter White (1892-1948) afin de mettre en place un système d'étalon-or, où le dollar occuperait une place centrale. Conjoncture géopolitique oblige, c'est White qui a eu le dernier mot. Le Royaume-Uni avait définitivement perdu la bataille économique et son pouvoir pour les décennies à venir.

La conférence s'est ainsi conclue sur des accords visant à définir les devises étrangères en dollar, sur un taux de change fixe, le dollar étant lui-même rattaché à l'or au prix de 35 $ l'once. La convertibilité des monnaies en dollar se faisait sur taux fixe avec 1 % de marge. C'est le Gold Exchange Standard. Cet accord va s'accompagner de la création du FMI afin de veiller à ce que le système monétaire soit stable et, en théorie, éviter les dévaluations compétitives. La BIRD (Banque Internationale pour la Reconstruction et le Développement), aujourd'hui Banque mondiale, voit également le jour. Ainsi, le dollar servait d'étalon au système international.

Malheureusement, aucun système monétaire n'a jamais perduré. Très rapidement, les États-Unis vont tomber dans un besoin accru de liquidités avec la guerre du Vietnam et la conquête de l'espace. Alors que des dollars étaient créés, les stocks d'or ne suivaient pas et le prix de l'or restait fixe. Les premiers signes de faiblesse arrivent en octobre 1960 sur le marché de l'or à Londres (LBMA) et se sont manifestés par des variations haussières du prix de l'or, qui a même dépassé les 40 $, provoquant une panique sur l'or. Cela a débouché sur la création du « *London Gold Pool* » en novembre 1961, sur impulsion de huit Banques centrales, afin de faire baisser le prix de l'or face aux attaques haussières. Les ventes destinées à faire baisser le prix et le maintenir dans les 35 $ étaient assurées à 50 % par les États-Unis, 11 % par l'Allemagne, 9 % par le Royaume-Uni, etc.

Puis, en juin 1963, John Kennedy signe l'ordre exécutif N° 11110 afin de redonner au gouvernement fédéral la possibilité de créer des devises, fonction qui, jusque-là, était réservée à la FED. Kennedy fit ainsi imprimer 4,3 milliards de billets qui étaient étalonnés par de l'or et de l'argent. L'argent était au prix fixe de 1,29 $ l'once. Il supprima ainsi le Silver Purchase Agreement de 1934 afin de pouvoir permettre aux Américains de détenir de l'argent et répondre à la demande industrielle. Alors que la vente d'argent par le Trésor américain avait été suspendue en novembre 1961, puis rétablie en 1963 à cause de la hausse des prix qui en découlait, l'argent métal est définitivement sorti de la circulation après la décision d'arrêter la frappe de pièces en argent en juillet 1965. Le gouvernement a ainsi vendu ses réserves pour maintenir un prix de l'argent à 1,29 $ l'once, mais cette politique a tenu jusqu'en juillet 1967. L'argent fut ainsi retiré de la circulation aux États-Unis, puis en Europe. Au niveau international, les réticences sur le système de Bretton Woods se sont multipliées. Le général de Gaulle, dans une conférence du 4 février 1965, justifiant la sortie de France en 1967, déclare :

« Le fait que beaucoup d'États acceptent, par principe, des dollars au même titre que de l'or pour les règlements des différences qui existent à leur profit dans la balance des paiements américaine, ce fait entraîne les Américains à s'endetter et à s'endetter gratuitement vis-à-vis de l'étranger, car ce qu'ils lui doivent, ils le lui payent, tout au moins en partie, avec des dollars qu'il ne tient qu'à eux d'émettre.

Étant donné les conséquences que pourrait avoir une crise qui surviendrait dans un pareil domaine, nous pensons qu'il faut prendre les moyens de l'éviter. Nous estimons nécessaire que les échanges internationaux soient établis, comme c'était le cas avant les grands malheurs du monde, sur une base monétaire indiscutable et qui ne porte la marque d'aucun pays en particulier. Quelle base ? En vérité, on ne voit pas qu'il peut y avoir réellement de critères, d'étalon autre que l'or. »

Ces remises en question graduelles en Europe quant à la stabilité et l'utilité réelle de ce système se multiplieront. La pression haussière sur l'or s'est à nouveau manifestée en 1968 à Londres et Zurich, où le prix de l'once d'or a rapidement dépassé les 42 $ l'once en mai 1968. Dès mars, le London Gold Pool s'est retrouvé face à une explosion de la demande, vendant jusqu'à plusieurs centaines de tonnes d'or par jour pour faire baisser le prix. Les Banques centrales ont tenté de maintenir le prix jusqu'au « dernier lingot ». Ces pressions inflationnistes sur l'or ont conduit au non-respect des engagements américains. En 1970, avec un déficit commercial et un déficit de la balance des paiements, cela va pousser les agents internationaux à préférer l'or au dollar. La couverture officielle en or du Trésor américain passe ainsi de 55 % à 22 %. On estime que les réserves américaines en or passent de près de 650 millions d'onces à la fin des années 1950 à près de 300 millions d'onces à la fin des années 1960[2]. Cela débouchera sur la déclaration officielle du président Richard Nixon, le 15 août 1971.

Le système Bretton Woods s'est confronté à l'incohérence de ne pas revoir le prix de l'or et l'incohérence de maintenir un taux de change en

---

[2] *The Big Cycles of the United States and the Dollar*, Ray Dalio, 2020.

dollar fixe, le tout malgré les flux de capitaux et les performances économiques différentes. C'est pourquoi, par nature, un système étalon-or qui n'est pas révisé régulièrement est voué à son effondrement. Face à l'effondrement du système de Bretton Woods, les pays européens tenteront de limiter les variations des taux de change à travers le Serpent monétaire européen (SME) qui ne perdurera que 6 ans. Face à l'échec du SME, un nouveau système monétaire sera adopté avec les accords de la Jamaïque en janvier 1976, régularisant un taux de change flottant, et donnant de l'importance aux Droits de Tirage Spéciaux (Special Drawing Rights en anglais) en substitution au système monétaire international basé sur l'or.

SPÉCULATION DES FRÈRES HUNT

Assez similaire à la spéculation de 1869 sur l'or, la spéculation des frères Hunt sur l'argent à la fin des années 1970 sera aussi impressionnante. Le père de Nelson Hunt et de son frère, William H. Hunt, avait fait fortune dans l'achat et la revente de terres, mais surtout dans le pétrole. Rapidement, les deux frères feront fortune en étendant l'empire de leur père. Avec le choc de pétrolier de 1973, afin de se protéger contre l'inflation et le déclin supposé du dollar, les deux frères se mettent à acheter de l'argent à outrance, la détention de grandes quantités d'or étant interdite.

Dès le début de l'année 1974, ils détiennent l'équivalent de 55 millions d'onces d'argent. Pour optimiser fiscalement leur investissement, ils mobiliseront 3 Boeing 777 pour Zurich. Rapidement, au milieu des années 1970, la rumeur se répand que les frères Hunt veulent manipuler les cours de l'argent. Ils multiplient ainsi les contrats pour contraindre les vendeurs à céder leurs stocks. Le prix de l'once passe ainsi de 1,95 $ l'once en 1973 à 4 $ au début 1975. Pour aller encore plus loin, les frères créent la société International Metal Investment Group en 1979. Entre juin et décembre de la même année, ils achètent la quantité démesurée de 150 millions d'onces d'argent (plus de 4 200 tonnes), portant leur stock à 200 millions d'onces. Les cours passent rapidement de 5 $ l'once début 1979 à 54 $ l'once un an plus tard.

Pour stopper cette spéculation à outrance de gros acheteurs, le Comex (New York Commodity Exchange) décide avec la FED de limiter la détention d'argent. La spéculation des frères Hunt est nettement stoppée. Les cours de l'argent repassent rapidement de 54 $ à 21 $ avant de tomber à 10,8 $ le fameux « Silver Thursday ». Condamnés en 1988, les frères Hunt ont fait faillite.

II-LES FONDAMENTAUX DE L'OR ET L'ARGENT

Dans cette partie, nous verrons de manière globale les fondamentaux (plutôt économiques) du prix de l'or et de l'argent. L'or (ou l'argent) ne suit pas une ligne de prix exponentielle (hors hyperinflation). Il y a, comme pour tout processus cyclique, aussi complexe qu'il soit, des périodes de hausse et des périodes de baisse. La hausse de l'or se fait dans un contexte toujours identique : celui des tensions économiques (directes ou indirectes). De même, la baisse de l'or est généralement le résultat d'une détente des tensions économiques. Ce n'est pas pour rien que l'or a touché un point majeur en 1999 (milieu de l'équilibre économique 1980-2020).

Comme nous le rappellera la partie suivante, l'or est structurellement gagnant à long terme, et surtout à très long terme. Mais il subsiste des périodes de corrections de parfois plusieurs années. L'objectif ici sera d'abord de distinguer les sources économiques des principaux mouvements de prix sur l'or.

Quand on parle de l'or, on parle souvent de son prix, et ce n'est pas pour rien. La valeur (relative ou absolue) de la devise est un premier déterminant majeur. Il est évident que tous les paramètres liés à cette devise sont également déterminants : taux réels, croissance, inflation, vélocité... Nous traiterons ici des principaux. Mais à long terme, regarder à de très bons indicateurs, comme la vélocité ou la variation du taux de croissance, reste un impératif. À tout cela, il faut ajouter le fait qu'une très grande partie de l'offre d'or provient de l'industrie minière. Les coûts de production de l'or et le budget alloué à sa production sont des indicateurs qui ne trompent pas. De même, l'or est fortement inscrit dans le paysage financier. Regarder aux autres actifs, à leur corrélation avec l'or, est un point fondamental.

Ce point sur les fondamentaux du prix de l'or et de l'argent permettra de mieux contextualiser économiquement et financièrement leurs réactions.

LA DEVISE

L'or pourrait presque se résumer à sa seule opposition avec l'ensemble des devises. En 1912, il fallait une pièce de 20 francs or pour s'acheter un vélo, ce qui est toujours le cas. Pourquoi ? Car la devise est un actif dont la valeur évolue et sur laquelle le « prix » correspond à son pouvoir d'achat. Plus il faut de devises pour un même bien ou service, moins le pouvoir d'achat de cette même devise est élevé. L'or a l'avantage d'être limité, ce qui fixe durablement l'évolution de son pouvoir d'achat (hors démographie et extractions).

La comparaison ci-dessous de l'or avec l'indice du dollar américain (qui est la moyenne pondérée de 6 devises face au dollar) permet de montrer assez clairement la corrélation. Dans l'immédiat, la corrélation n'est pas parfaite, car l'indice dollar ne prend pas en compte tous les paramètres qui font la valeur interne et externe du dollar. Autrement dit, l'indice dollar ne prend pas en compte les taux de changes en parité de pouvoir d'achat (PPA), mais les taux de changes réels.

Prix de l'or (en $) et indice dollar :

On remarque le point bas de l'or en 2001 quand l'indice dollar était à son plus haut. Inversement en 2011, quand le dollar était à son plus bas. Cependant, on observe des périodes où l'indice dollar est en hausse simultanément à l'or. Ce fut en particulier le cas en 2008, puis entre 2018 et 2019. Cela peut s'expliquer par le regain envers le dollar comme valeur refuge (2008) au même titre que l'or, ou alors par des programmes visant à réduire la taille du bilan de la FED accompagné de bonnes performances économiques (2018-2019).

Un autre élément troublant est probablement le fait que l'or réagit très fortement à la chute du dollar à l'international. Et paradoxalement, l'or ne réagit presque pas aux fortes hausses du dollar, ce qui explique en grande partie le fait que l'or surperforme par nature sur le dollar (l'ensemble des devises en général). Entre janvier 1995 et janvier 2020, l'indice dollar progresse de plus de 37 %, contre près de 297 % pour l'or. Surperformance qui est largement amenée à continuer quand on sait que l'indice dollar est sur ses plus hauts et que l'hégémonie du dollar est menacée sur les prochaines décennies.

Ainsi, certaines monnaies se sont dépréciées plus vite que d'autres, comme l'euro. L'once d'or en euro a par exemple dépassé ses niveaux historiques de 2012 en 2019, ce qui n'était pas le cas de l'once d'or exprimée en dollar. Encore une fois, comme nous allons le voir, l'évolution du prix de l'or peut se résumer à :

1/ Son opposition avec la devise et ses paramètres (sa rémunération, les taux, son pouvoir d'achat interne, l'inflation, sa quantité, la base monétaire, etc.).

2/ La quantité disponible par individu (la rareté). Elle dépend de :

– La démographie (plus une population est nombreuse, plus la demande d'or est importante, car plus la rareté est importante).

— Les conditions d'extractions (coût de production) et de détentions (qui font varier, avec la démographie, la quantité disponible par individu).

Dans l'or, tout n'est question que de constance (relative) du pouvoir d'achat.

LES TAUX RÉELS

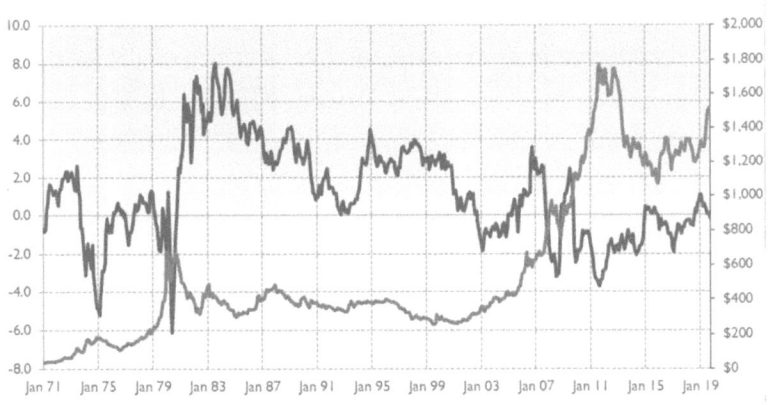

Les taux réels sont probablement parmi les meilleurs indicateurs sur les prix de l'or. Le taux réel correspond tout simplement au taux (nominal) duquel est déduite l'inflation. Il correspond donc à la rémunération réelle du capital. Si vous placez vos économies avec un taux de 1 %, mais que l'inflation est de 1,5 %, alors vous perdez environ 0,5 %. On dit que le taux réel est négatif (1-1,5 = -0,5%). Quand la rémunération réelle du capital chute, les ménages sont incités à moins placer leur épargne. C'est dans cette situation-là que l'or bénéficie d'un vif intérêt. La hausse du prix de l'or est extrêmement visible quand les taux réels sont négatifs, car avoir du capital est pénalisant. En cas de déflation, les taux réels augmentent très rapidement, ce qui peut provoquer une résistance sur l'or.

Les taux réels permettent ainsi de déduire de manière très fiable les pics ou points bas majeurs.

L'ÉVOLUTION DES PRIX

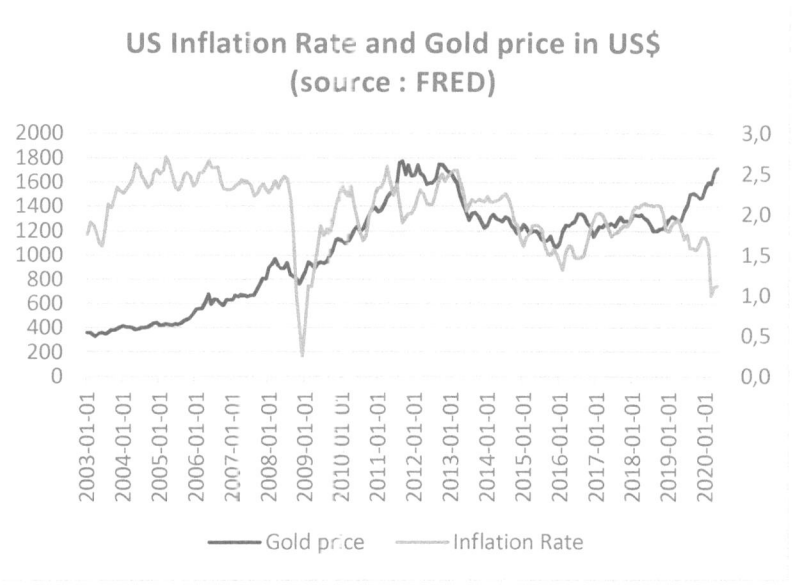

1- Inflation

L'inflation est une perte de pouvoir d'achat de la devise. Si la devise perd de la valeur, alors pour la même quantité d'or, le prix augmentera comme l'ensemble des autres actifs. Quand l'inflation se manifeste, il vaut mieux détenir des actifs (des biens et services plus généralement) que des devises, ce qui explique, avec son caractère refuge, la hausse de l'or dans ces périodes. On remarque sur le graphique une assez bonne corrélation entre la hausse de l'inflation et la hausse de l'or.

L'or a souvent tendance à monter très fortement durant un choc inflationniste. Ce peut-être un fort choc inflationniste comme en 1979/1980, ou alors un choc plus modéré comme entre 2009 et 2012. Entre 1971 et 1980, alors que les prix augmentent de près de 110 % sur le CPI américain, l'or augmente de près de 2 328 %. De même, entre janvier 2009 et janvier 2012, alors que l'inflation augmente de 7,5 % après une nette diminution, l'or augmente de plus de 89 %. L'or est donc un net gagnant en cas de choc inflationniste (contrecoup déflationniste, choc d'offre...).

2- Déflation

La déflation, à l'inverse, est un gain de pouvoir d'achat de la devise en question. Si le prix des biens et services baisse, alors il vaut mieux détenir des devises plutôt que des biens et services. L'or résiste mal à la déflation, mais il résiste bel et bien ! Admettons que les prix courants diminuent de 2 %, et que l'or chute de 0,5 %, alors vous aurez gagné près de 1,5 % de pouvoir d'achat en ayant de l'or. Ce qui peut expliquer le fait que l'or chute moins vite que les prix. Si la déflation se manifeste en situation de surendettement, comme ce fut le cas en 2008, alors l'incertitude qui découle de la déflation peut prendre le dessus sur la déflation elle-même. C'est ce qui s'est presque produit en 2008 et plus récemment entre 2018 et 2020, bien qu'il serait plus juste de parler de désinflation, dans l'absolu.

Ainsi : quelle est la réaction de l'or face à une crise ? Nous pouvons distinguer une réaction plus ou moins générale de l'or en temps de crise : une première phase haussière à cause de la désinflation et du contexte d'incertitude, suivie d'une deuxième phase de hausse portée par le contrecoup inflationniste. Donc l'or gagne généralement deux fois en temps de crise. Dans tous les cas, une forte instabilité des prix est généralement synonyme d'un or plus fort.

RATIO MÉTAUX/ACTIONS

Un indicateur de choix est sans aucun doute le ratio entre l'or (ou l'argent) et le Dow Jones. Le premier graphique en échelle logarithmique montre l'évolution du ratio Dow/Or depuis 1915. Le deuxième graphique concerne le ratio Dow/Argent en échelle logarithmique. Si le ratio baisse, cela signifie que l'or n'a des performances supérieures que sur actions, et s'il monte, les performances sur actions sont supérieures à celles de l'or.

Ratio Dow/Or depuis 1915 (échelle log) :

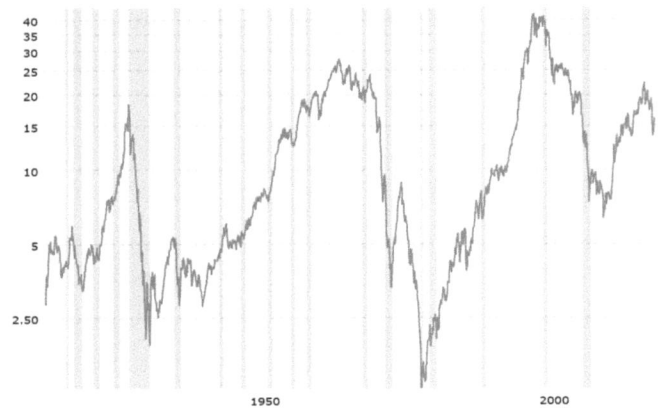

Ratio Dow/Argent depuis 19 15 (échelle log) :

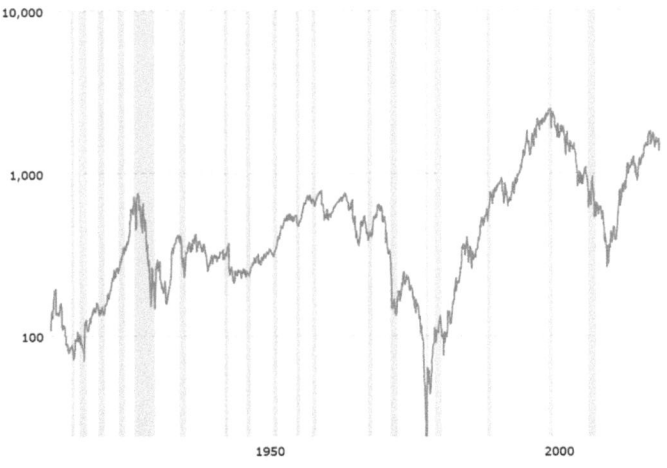

Dans une perspective de long terme, ces graphiques nous montrent clairement, du fait de leurs niveaux élevés, que nous devons, dans les prochaines années, voire décennie(s), s'attendre à une surperformance de l'or et de l'argent par rapport aux actions (ici, Dow Jones).

L'or a connu trois cycles de surperformance sur actions en un peu plus d'un siècle : l'or a surperformé entre le krach de 1929 et les défauts de 1933 après une surperformance des actions entre la Dépression de 1921 et le krach de 1929. Corrigé à l'inflation (CPI), le prix de l'or est passé de 307 $ l'once en septembre 1929 à presque 680 $ l'once en janvier 1934. Ensuite, nous avons eu une surperformance générale des actions entre les années 1930, jusqu'au krach de 1966. À partir de là, l'or a entamé un rallye haussier qui s'est terminé sur un point bas historique du ratio à 1,3 en 1980. C'est-à-dire qu'il fallait à cette époque 1,3 once d'or pour acheter un contrat du Dow Jones. Après 1980, les actions ont surperformé jusqu'en 2000... C'est en 2000 que l'or a atteint des sommets en termes réels (en termes de valeur fondamentale : la valeur or).

On notera la première tentative de correction des ratios entre 2001 et 2011 qui s'est butée à la reprise économique et aux injections de liquidités sur les marchés. L'étude de ce ratio est importante pour comprendre que nous sommes probablement à la veille d'une forte surperformance de l'or ou inversement quand le cycle des ratios sera bouclé.

L'ensemble des marchés connaissent des périodes de survalorisation ou de sous-valorisation. Un investisseur se doit de travailler avec ces outils qui indiquent les périodes de survalorisation ou de sous-valorisation du marché en question. C'est une clé de réussite à long terme non négligeable. L'avantage d'un ratio est qu'il est très canalisé, ce qui permet sans réelle difficulté de déduire s'il évoluera à la hausse ou à la baisse, et ainsi déduire quel marché surperformera. La réalité pour l'or et l'argent, c'est qu'ils sont sous-valorisés par rapport aux actions. De toute évidence, cela traduit une opportunité d'investissement.

La gestion la plus efficace consiste à augmenter son exposition sur actions ou métaux en fonction des ratios. C'est de cette manière que l'on peut profiter d'un gain plus ou moins constant en évitant les baisses et/ou en profitant des meilleures hausses.

Nous pourrions déduire des **objectifs de prix en divisant la cotation du Dow Jones par l'objectif fixé sur le ratio**. Je conseille de réaliser ce petit calcul avant tout investissement pour avoir un ordre d'idée des objectifs pour une même cotation du Dow Jones. En réalité, ces objectifs de prix sur l'or ou l'argent sont largement dépendants des variations à la hausse ou la baisse du Dow Jones, mais permettent de donner un ordre d'idée des objectifs. La fiabilité des objectifs de prix est extrêmement importante si elle est calculée en fonction des objectifs sur le Dow Jones. Autrement dit, si l'on divise la cotation du Dow Jones estimée à une date donnée par l'objectif sur le ratio au même moment, vous obtiendrez un objectif de prix relativement fiable. Évidemment, cela dépend de la fiabilité de vos objectifs sur le ratio et le Dow Jones.

RATIO ARGENT/OR

Ratio Or/Argent depuis 1915 :

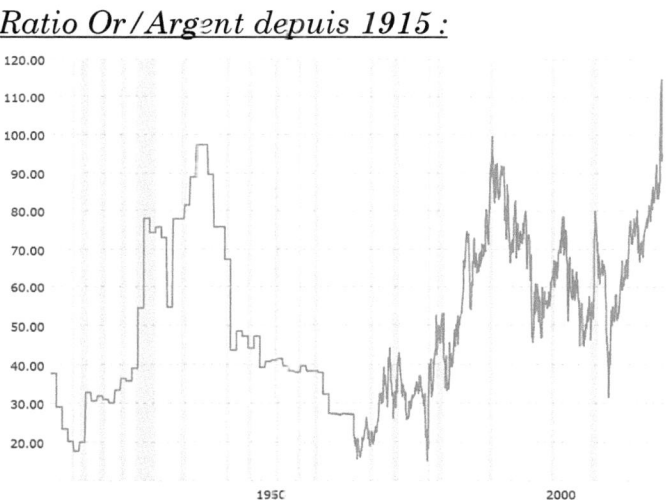

Le ratio argent/or permet de déduire quel métal va surperformer par rapport à l'autre. Depuis 1915, l'or a surperformé trois fois par rapport à l'argent. Entre 1919 et 1941, l'or a surperformé une première fois avant que l'argent ne reprenne le dessus entre 1941 et 1968. Le ratio a atteint un premier sommet à 97,31 en 1941. C'est-à-dire qu'il fallait 97 onces d'argent pour obtenir une once d'or. À partir de 1968, quand il ne fallait que 16 onces d'argent pour obtenir une once d'or, l'or a de nouveau surperformé jusqu'en 1991, où le ratio a atteint les 99. Enfin, le ratio a touché un nouveau plus bas en 2011 avant de repartir sur des niveaux historiques à 114 en avril 2020. Cela nous donne une idée afin de diversifier plus ou moins sur l'or ou l'argent.

Les hausses du prix de l'argent ont souvent tendance à excéder celles de l'or dans une situation de rallye. Entre septembre 1971, point bas sur le prix des deux métaux, et janvier/février 1980, l'or augmente de 1 922 %, contre 2 462 % pour l'argent. De même, entre le point bas de 2001 et les points hauts respectifs de 2011, l'or augmente de 560 %, contre 1 073 % pour l'argent. L'écart est non négligeable dans une situation de rallye haussier. Ainsi, au vu de la plus forte sous-valorisation de l'argent par rapport aux actions et à l'or, il est important de diversifier sur l'argent pour les années à venir. Bien que l'argent ait des paramètres plus industriels, il est aussi plus assujetti à la volatilité que ne peut l'être l'or.

Pour aller plus loin, le ratio argent/or nous permet également de définir des objectifs de prix. En ayant un objectif de prix sur l'or et un objectif de ratio à un moment donné, on peut déduire un objectif de prix sur l'argent, par exemple (prix de l'or estimé divisé par le ratio estimé). À l'inverse, on peut déduire un objectif de prix sur l'or en ayant un objectif sur l'argent et sur le ratio (prix estimé de l'argent multiplié par le ratio estimé).

RATIO BASE MONÉTAIRE/OR

C'est un indicateur utile si un vrai rallye venait à se manifester. Nous ne pouvons pas parler de l'or sans parler de la base monétaire. Dans ses études, Michael Maloney avait par exemple mis en avant le fait que dans un véritable rallye sur l'or, le niveau de prix de l'or vient corriger la base monétaire sur une comparaison par indices. Autrement dit, comme le démontre le ratio ci-dessous, un très fort rallye sur l'or traduit une correction du ratio base monétaire/or entre 3 et 4.

Ratio base monétaire (Fed) / or :

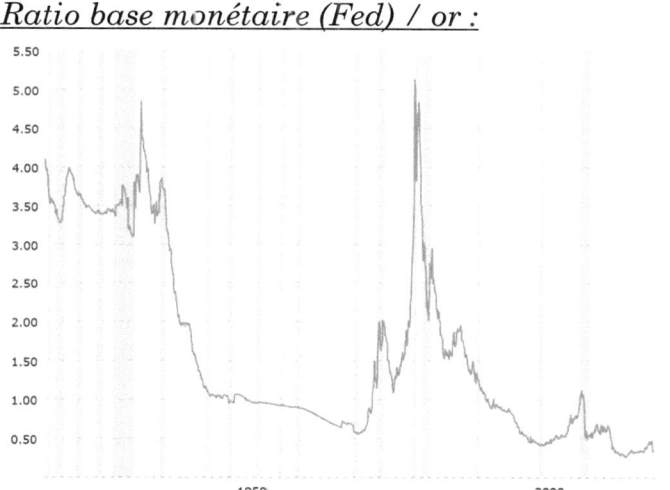

Comme nous pouvons le voir, ce graphique nous indique au moins 3 éléments fondamentaux :

1/ Il nous montre que, depuis 2000, c'est toujours le moment d'acheter de l'or, comme ce fut le cas entre 1950 et 1970.

2/ Il nous montre par conséquent que depuis 2000, l'or n'est pas dans un rallye haussier fondamental, alors que le prix ne cesse de monter.

3/ Il nous permet de déduire un objectif de prix **en multipliant l'objectif de ratio fixé par la base monétaire.** Ce graphique nous montre une fois de plus la corrélation de l'or avec la base monétaire, et nous montre qu'à terme, même si la base monétaire venait à diminuer, l'or n'en serait quasiment pas impacté, bien au contraire.

Pour une base monétaire totale de 5 200 milliards en mai 2020, voici le prix que nous pouvons déduire en fonction du ratio base monétaire/or. Autrement dit, le prix possible **en cas de rallye extrême**, qui prend plusieurs décennies à se former :

Objectif Ratio	*Objectif Prix correspondant*
5 (très peu probable)	26 000 $
4 (peu probable)	20 800 $
3,5 (assez probable)	18 200 $
3 (probable)	15 600 $

En réalité, ces objectifs de prix dépendent largement de la base monétaire, et sont déjà obsolètes à l'heure où vous lisez (ils devraient être probablement plus hauts). L'avantage de ces objectifs selon le ratio est qu'ils sont parmi les plus fiables en cas de rallye. Si un rallye d'une extrême puissance se produisait, il y a de fortes chances d'avoir un contexte d'augmentation de la base monétaire, ce qui fera systématiquement augmenter les objectifs de prix. Il y a de cela 10 ans, vous avez sûrement entendu parler d'un or à 10 000 $... Ce n'était pas une utopie dans le seul et unique vrai cas d'un rallye extrême, qui dépend d'une conjoncture bien particulière et reste globalement peu probable. Un niveau quasi certain du ratio à terme est le niveau des 0,45, puis 0,6, et des 1... Ce qui nous amène à un prix respectif de 2 340 $, puis 3 120 $ et 5 200 $ environ, pour une base monétaire US de 5 200 Mds $.

Nous pourrions appliquer la même méthode de calcul à l'argent, bien que le ratio base monétaire/argent soit moins révélateur que pour l'or.

OPEN INTEREST

Open interest

Data as of 26 June, 2020
Sources : Bloomberg, COMEX ;

Toujours dans une logique de rallye, un autre indicateur pertinent dans l'évolution du prix de l'or est les intérêts ouverts. Ils permettent d'anticiper de manière fiable les forts retournements de marché. Un intérêt ouvert correspond au nombre de contrats futurs ouverts sur l'or. Pour rappel, quand on parle de contrat futur, il s'agit là des contrats à terme, produits financiers les plus échangés au monde. Leur origine remonte au secteur agricole. En clair, un agriculteur qui estime que sa production vaudra moins cher d'ici deux mois, par exemple, pourra toujours conclure un contrat avec un acheteur qui prendra effet dans deux mois, à prix donné. C'est la même chose pour les contrats à terme (futurs). L'acheteur fait ainsi un pari sur le niveau de cours à une date donnée. Si un trader estime que le CAC40 montera de 500 points en 1 mois, alors il peut se diriger vers un futur CAC40 à 1 mois et ainsi parier sur la hausse du CAC40. La différence est que ces produits offrent un effet de levier important (10 € du point, par exemple...).

Si le nombre de contrats futurs augmente, alors l'activité du marché de l'or futur augmente aussi, ce qui présage une hausse du prix de l'or réel à venir. Plus le nombre de contrats (ici en volumes) ouverts sur l'or est important, plus le prix de l'or réel a de chances de s'ancrer dans une tendance haussière. Par exemple, sur le graphique ci-dessus, le nombre de contrats ouverts a atteint un point haut mi-2016, ce qui était un point bas à long terme sur l'or physique. Les contrats futurs ont également fortement progressé début 2019, qui ont constitué un fort retournement de tendance haussier sur l'or. Les intérêts ouverts sont plus des indicateurs de trading à long terme que des indicateurs d'investissement, mais ils permettent de donner un ordre d'idée du regain d'intérêt futur pour l'or.

LE PÉTROLE

À long terme, l'évolution des prix du pétrole suit de manière assez fiable l'évolution du prix de l'or. Le pétrole est le sang de l'économie mondiale. S'il venait à manquer un seul baril (avec exagération), les prix se mettraient à flamber instantanément. C'est la nature même des matières premières qui connaissent des hausses de prix violentes en cas de pénuries.

Un spécialiste des matières premières sait qu'il existe un cycle d'investissement qui régit les prix. Quand le prix des matières premières est élevé, alors l'exploitation devient plus rentable, ce qui pousse l'investissement à la hausse. En cela, le temps que la production qui découle de cet investissement se mette en marche, les prix continuent à monter. Mais quand une offre massive arrive sur le marché à cause des investissements massifs réalisés quelques années avant, alors les prix tombent brusquement. Quand les prix sont bas, l'investissement est faible. La production ralentit et l'offre diminue, ce qui pousse le prix à la hausse, et à nouveau l'investissement, et ainsi de suite... Cela explique d'une part les violents mouvements de marché qui peuvent prendre effet, et d'autre part la corrélation entre l'or et le pétrole (corrélation entre les coûts de production de l'or et du pétrole).

Ratio Or/Pétrole (WTI) depuis 1946 :

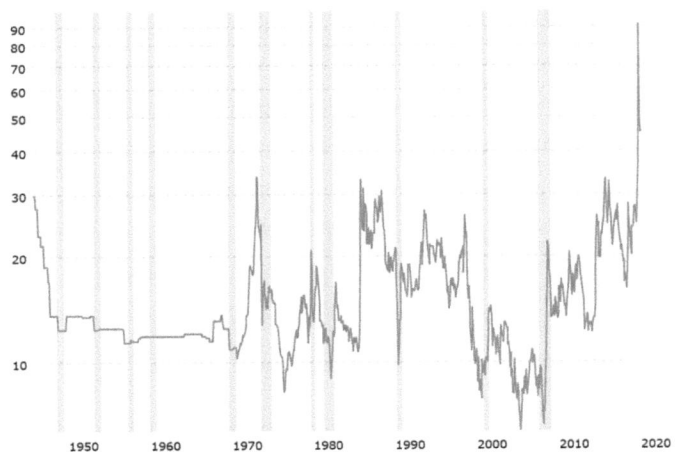

Le ratio Or/Pétrole nous permet de voir les périodes de surperformances de l'or ou du pétrole. Si le ratio augmente, cela signifie que l'or progresse plus vite que le pétrole et inversement. Du fait de la corrélation entre or et pétrole, le ratio est relativement canalisé (hors pétrole négatif en 2020). L'étude du ratio nous permet de voir que le pétrole a des chances de surperformer sur l'or à long terme. Dans un de mes articles sur *lesprosdeleco.com*, j'ai insisté sur le risque de choc pétrolier sur cette décennie à cause du surendettement et du sous-investissement sur le secteur pétrolier.

On peut donc s'attendre, même si le ratio venait à diminuer, à une forte hausse de l'or et une hausse plus rapide du pétrole en cas de « choc pétrolier ». Le lien entre l'or et le pétrole est aussi l'inflation, comme ce fut le cas avec l'embargo de l'OPEC dans les années 1970. Décision qui a poussé le prix de l'or sur des sommets. N'oublions pas que c'est généralement quand les volumes de pétrole stagnent que les prix sont instables :

Généralement, d'ailleurs, les corrections baissières du ratio sont assez brèves, ce qui conforte l'hypothèse d'une forte hausse du pétrole entraînant une hausse de l'or, comme ce fut le cas dans les années 1970, en 2008 ou en 2010. Le pétrole est un indicateur assez représentatif pour la variation de l'inflation et les coûts de production, ce qui explique la bonne corrélation entre or et pétrole. Le ratio tend même à montrer que nous sommes dans une situation assez similaire à celle du tout début des années 1970 (1970-1973).

LES ACTIONS DE COMPAGNIES MINIÈRES

C'est un aspect intéressant de l'or, surtout pour ceux qui ont une préférence sur actions.

Ratio HUI/or :

Le ratio HUI/Or compare la valorisation des compagnies minières de l'or uniquement avec le prix de l'or. Ce ratio nous montre que l'or a généralement surperformé entre 2006 et 2015.

Le ratio ci-dessus est le ratio XAU/Or. L'indice XAU, « Philadelphia Gold and Silver Index », est un indice des 30 compagnies minières dans les métaux précieux. Le ratio nous permet de savoir que depuis la fin des années 1990, l'or n'a cessé de surperformer par rapport aux compagnies minières. Tendance qui s'est achevée en 2015. Si l'on retourne dans les années 1940, on s'aperçoit que le ratio (BGMI/gold ou Barrons Gold Mining Index pour une analyse de long terme) était sur des niveaux légèrement plus élevés. Autrement dit, il semblerait qu'un point bas de long terme soit atteint sous peu, s'il ne l'a pas déjà été sur le ratio.

Mais on notera que les périodes baissières sur le ratio sont supérieures aux phases haussières, ce qui explique une surperformance générale de l'or. Un des principaux facteurs de l'évolution du prix des compagnies minières est évidemment le prix de l'or. Mais l'or est loin d'être le seul facteur sur actions, car tous les autres indicateurs classiques entrent en jeu (inflation, chômage, croissance...). Enfin, il est important de rappeler qu'acheter une action d'une petite compagnie minière est assez risqué en comparaison à une compagnie moyenne. De leur côté, les grandes compagnies minières sont assez dépendantes des grandes institutions (banques, etc.).

Les actions minières sont gagnantes quand la hausse du cours de l'or excède celle des coûts de production. Deux paramètres étant fortement liés. Nous reverrons plus loin quels moments sont propices à investir dans les minières. Car même si les performances dans le temps sont jusqu'ici moins intéressantes sur les minières, les performances dans les périodes de concentration du risque sont très intéressantes. Il est important de mettre en avant le fait qu'entre 1971 et 2016, l'or a performé de +3 020 % (performance de +4 000 % en 2020), alors que l'indice BGMI, lui, n'a progressé que de 278 % durant la même période. Comme nous allons le voir, les minières restent donc historiquement intéressantes sur un horizon 3 à 5 ans dans les périodes de risque économique. Un outil généralement très intéressant contre les crises dans son portefeuille actions.

Bien au-delà des actions, les minières sont intéressantes à regarder par le budget qu'elles accordent à la production. Une hausse générale des budgets de production traduira la hausse de l'or, et inversement. Une part encore majeure de l'offre d'or dépend des minières. Parler du prix de l'or sans parler des minières est une absurdité.

COEFFICIENTS DE CORRÉLATION

Nous l'avons vu, l'or est très lié à la variation de certains marchés. L'or évolue donc de manière plus ou moins corrélée à certains marchés. Un moyen de déterminer la corrélation d'un marché à un autre est de déterminer un coefficient. Si ce coefficient se rapproche de 0, alors la corrélation est inexistante. Si le coefficient se rapproche de -1 ou 1, alors la corrélation (négative ou positive) est extrêmement forte.

L'analyse entre la corrélation des marchés permet d'établir un tableau avec les coefficients de corrélation. Le tableau ci-dessous, réalisé par Sunshine Profit's, nous permet de déterminer la corrélation de l'or avec certains marchés, à court, moyen et long terme.

On observe ainsi qu'à court terme (entre 10 et 30 jours), l'or est très lié à l'argent ou à l'évolution du cours des compagnies minières de l'or (HUI) ainsi qu'aux entreprises de l'industrie minière (CDNX). Le CDNX, ou TSX Venture Index, est un indice boursier qui comprend les entreprises juniors de l'industrie minière.

À moyen terme (entre 90 et 250 jours), l'or est assez lié à l'argent (90 jours), mais aussi au dollar, au

S&P (sur 90 jours) et présente une très forte corrélation avec les compagnies minières de l'or (HUI) ou encore avec les entreprises juniors de l'industrie minière (CDNX).

À long terme (750 à 1500 jours), l'or est assez bien corrélé à l'argent, au dollar, au S&P, aux compagnies minières sur l'or (HUI).

Correlation \ Days	10	30	90	250	750	1500
Gold / Silver	0.76	0.54	0.73	-0.04	0.45	0.33
Gold / USD	-0.06	-0.08	-0.40	0.25	0.54	0.12
Gold / S&P	-0.05	-0.17	0.74	-0.09	0.54	0.68
Silver / USD	-0.05	-0.47	-0.76	-0.57	-0.15	-0.32
Silver / S&P	0.37	0.37	0.89	0.74	0.33	-0.06
HUI / USD	-0.12	0.24	-0.28	0.03	0.34	-0.09
HUI / S&P	0.28	-0.25	0.76	0.26	0.44	0.27
HUI / Gold	0.88	0.77	0.92	0.82	0.90	0.74
CDNX (in USD) / USD	0.09	-0.56	-0.71	-0.67	-0.91	-0.73
CDNX (in USD) / S&P	0.21	0.47	0.94	0.75	-0.44	-0.31
CDNX (in USD) / Gold	0.87	0.71	0.75	-0.34	-0.62	-0.27
CDNX (in USD) / HUI	0.96	0.49	0.75	0.07	-0.34	0.25
Data as of	7/2/2020		www.sunshineprofits.com			

Bien qu'ici le tableau n'inclue pas certains indicateurs, l'or est aussi lié à l'inflation aux taux réels, et même aux obligations.

L'utilisation des principaux marchés liés à l'or comme indicateurs permet de fournir un assez clair aperçu des évolutions du prix de l'or.

PAS DE LOI DE MARCHÉ SUR L'OR ?

C'est une particularité de l'or : la loi d'offre et de demande ne s'applique pas. La logique voudrait que si le prix de l'or augmente, les vendeurs seront incités à vendre. Et pourtant, c'est tout le contraire qui se produit. Certaines études sur l'élasticité de l'or montrent en effet qu'une hausse du prix de l'or peut provoquer une hausse de la demande. Quand le prix de l'or monte fortement, les agents préfèrent garder l'or, car le climat d'incertitude a souvent tendance à perdurer. C'est ce qui explique le fait que l'offre d'or métal est assurée, d'après le World Gold Council, à environ 75 % par les compagnies minières (voir tableau ci-dessous). C'est donc en partie le coût de production de l'or qui détermine le prix de marché. Depuis maintenant près de 10 ans, le coût de production reste majoritairement autour des 900 $/950 $ pour chaque once, d'après le World Gold Council (WGC). Ce coût de production a touché un pic en 2013 autour des 1 150 $ par once et un plus bas en 2016. On remarque donc bien une corrélation implicite.

Or physique 2019 : source, WGC			
OFFRE 2019		DEMANDE 2019	
Mines	72,63 %	Bijouterie	48,5 %
Or recyclé	27,37 %	Investissement	29,18 %
		Banques centrales	14,85 %
		Technologie	7,47 %

Par ailleurs, fin 2019, l'ensemble de l'or extrait dans le monde est estimé à 197 600 tonnes, soit l'équivalent d'un cube en or de 21,7 mètres de côté qui pourrait contenir tout l'or extrait dans le monde. Ou encore l'équivalent de 11 700 milliards de dollars au prix de 1 840 $ l'once, ce qui représente à peine plus que la moitié du PIB des États-Unis. À savoir que les 2/3 de cet or ont été minés depuis 1950 !

Les réserves officielles d'or (banques centrales, États...) représentent 34 000 tonnes, soit environ 17 % de l'ensemble. L'or d'investissement (21,6 %) et la bijouterie (47 %) représentent une part très importante de l'or extrait dans l'Histoire. Enfin, le WGC estime à 54 000 tonnes l'or encore disponible sous terre. À savoir que la production annuelle est d'environ 2 500 à 3 000 tonnes, cela voudrait dire qu'il resterait entre 18 et 22 ans d'extraction, ce qui nous amène entre 2038 et 2042. À noter cependant que cette estimation est très variable (production annuelle, coûts, nouvelles découvertes...), mais donne un ordre d'idée du défi à venir pour les compagnies minières.

Pour l'offre, cela nous amène à conclure qu'il ne reste plus que quelques décennies d'extractions d'or, du moins dans les conditions actuelles. Par conséquent, trouver de l'or devient de plus en plus difficile, ce qui fait augmenter les coûts de production à long terme. Et comme nous l'avons vu, cela fera systématiquement monter le prix de l'or. Pour l'or, c'est l'offre qui fait le prix, ce qui risque d'être de plus en plus vrai dans les décennies à venir.

Réciproquement, la demande d'or est dopée quand le prix augmente. Les agents achètent de l'or pour sa rareté. Plus il est rare, plus ils achèteront.

Bien sûr, il y a la limite du possible déterminée par les liquidités disponibles, mais dans la mesure où les agents ont les moyens de s'acheter de l'or, une hausse du prix ne pourra conduire qu'à une hausse de la demande. Personne ne refusera jamais d'avoir de l'or. C'est pour cette raison que la demande sur l'or, dans la limite du possible, est illimitée ! L'or possède de nombreuses qualités physiques qui expliquent le fait que ce fut le seul métal en capacité de répondre à la problématique monétaire dans les temps anciens.

Ainsi, la loi d'offre et de demande habituellement convenue ne s'applique pas (ou presque pas) à l'or. C'est l'offre qui détermine généralement le prix en temps normal. La demande peut lourdement influer sur le prix en cas de rush, mais ces situations restent assez limitées dans l'Histoire. Le coût de production de l'or est donc un facteur important dans l'évolution du prix de l'or.

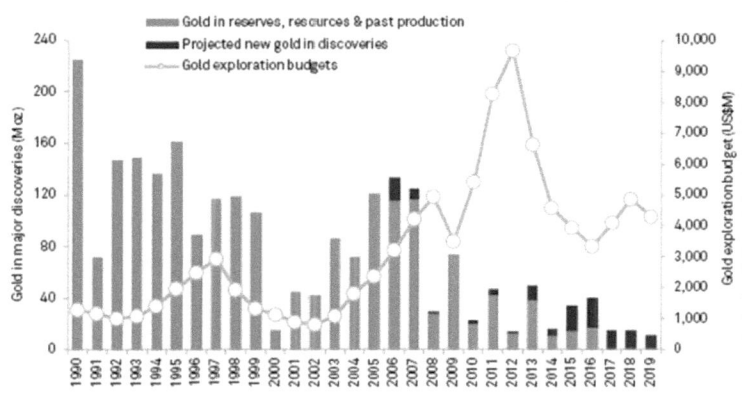

Le graphique ci-dessus donne un bon aperçu de la tendance entre, d'une part, la diminution des réserves disponibles en or, et d'autre part, la hausse du budget consacré qui en découle. On remarque ici parfaitement la corrélation entre le prix de l'or et le budget dédié à l'exploration. À long terme, donc, la tendance sur les ressources devrait se poursuivre, ce qui nécessitera une hausse du budget consacré pour répondre à une demande croissante (rééquilibrage économique, démographie des émergents...). Mais si le prix de l'or reste bas (comme en 2019), alors les dépenses d'exploration ne vont pas progresser, ce qui fera monter les coûts de production et donc, *in fine*, le prix de l'or. Les coûts de production (qui dépendent des découvertes et du budget alloué à celles-ci) sont donc bien des facteurs déterminants !

LE MARCHÉ DE L'ARGENT

L'argent est différent de l'or, ne serait-ce que par la structuration de l'offre et de la demande. D'après le Silver Institute, l'offre totale en 2019 représente près de 32 000 tonnes (1 023 millions d'onces), contre une demande de près de 31 000 tonnes. Voici la répartition (en %) de la nature de l'offre et de la demande :

OFFRE 2019		DEMANDE 2019	
Mines	81,8 %	Industrie	51,5 %
Recyclage	16,6 %	Photographie	3,4 %
Autre	1,6 %	Bijouterie	20,3 %
		Argenterie	6,1 %
		Investissement	18,7 %

Pour indication, la demande industrielle pour la fabrication de panneaux photovoltaïques représente presque 10 % de la demande totale ! Avec la fixation gouvernementale sur ce genre de produits dans le monde, cette proportion de la demande sera probablement amenée à largement progresser. L'argent est également utilisé pour les ordinateurs, les réseaux électriques, les batteries, la photographie, et même les instruments de musique, etc.

Étonnamment, la part de la demande d'investissement est inférieure à celle de l'or (18,7 % pour l'argent en 2019 contre 30 % en 2016 pour l'or). Cependant, une très grande partie de l'offre d'argent provient de la production minière (81,8 %). Le prix de l'argent est donc extrêmement dépendant des coûts de production, à savoir qu'une grande partie de l'argent métal extrait est un sous-produit (70 % à 80 % de l'argent extrait sont un sous-produit de l'extraction de cuivre, zinc, plomb ou or).

D'après la SNMPE (société minière), les réserves d'or à extraire dans le monde s'élèvent à 570 000 tonnes. Sur une offre minière stable de 27 000 tonnes par an, cela nous amène à environ 21 à 22 ans d'exploitation encore disponible (sans nouvelles découvertes). Donc, là aussi, au rythme effréné de la consommation d'argent (qui risque de s'intensifier), les compagnies minières vont faire face à un nouveau dilemme qui passera par la hausse des coûts de production à long terme. Au vu du poids des compagnies minières dans l'offre (et donc du prix de l'argent), il faut s'attendre à une raréfaction de l'argent sans hausses de prix conséquentes.

De même, l'argent est un peu moins demandé que l'or pour l'investissement. Mais à la différence de celui-ci, l'offre d'argent dépend énormément de la production, et la demande dépend pour plus de moitié du secteur industriel. En cela, le prix de l'argent est plus volatil que celui de l'or et est d'autant plus dépendant des coûts de production, car son prix détermine la rentabilité minière. Il reste donc un outil de diversification très intéressant, à mi-chemin entre l'or et les métaux purement industriels.

III - L'OR ET L'ARGENT AU CŒUR DE LA PROSPECTIVE ÉCONOMIQUE.

Jusqu'ici, nous avons vu de manière très globale que l'Histoire de l'or et de l'argent a suivi l'Histoire de l'Humanité. Les deux métaux ont traversé presque tous les empires, toutes les cités-États, toutes les nations. À chaque fois, l'or ressort toujours vainqueur. Simplement, car aucun système monétaire n'a jamais perduré. Avoir un sens tragique de l'Histoire n'est pas seulement une question de réalisme. Comme nous l'avons vu, les pièces en or et argent se sont confrontées à l'incertitude du système politique. Le système étalon-or s'est confronté au manque de rigueur. Le système étalon-change-or s'est confronté à l'utopie de maintenir des changes fixes et au manque de rigueur. Le système flottant, lui, s'est confronté à un manque total de rigueur selon la croyance qu'un système perdure avec une simple écriture comptable. Tous les empires ayant existé sont tombés, toutes les cités-États ayant existé sont tombées, toutes les nations ayant existé sont tombées, mais l'or, lui, n'est jamais tombé.

Nous l'avons vu, la monnaie s'est vite transformée en devise, plus précisément, en monnaie-dette. Créer de la monnaie est devenu de plus en plus facile. Au début avec de l'or, puis avec un alliage de différents métaux, puis avec du papier, et enfin avec de simples chiffres sur un ordinateur.

Le marché de l'or et de l'argent est bien plus qu'un simple marché d'échange. L'or est un marché de quasi-assurance (de la valeur), ce qui est aussi le cas de l'argent, couplé à sa fonction industrielle. L'évolution de ces marchés dépend de facteurs économiques, politiques et sociaux assez simples, que tout investisseur ou futur investisseur se doit de connaître dans les grandes lignes. Une prospective sur l'évolution économique, politique et sociale s'impose donc pour comprendre ces métaux jusque dans leurs moindres détails.

L'INTRIGUE RÉPÉTITIVE D'UNE SOCIÉTÉ

LES DERNIERS TOURNANTS ÉCONOMIQUES MAJEURS

Avant de parler de la situation actuelle pour comprendre l'or et l'argent dans leur contexte, je pense qu'il est important de mettre en perspective la situation passée que nous avons détaillée dans la partie précédente. En économie, tout est cyclique. Rien n'a jamais échappé à cette règle et rien n'échappe à cette règle. Le processus même d'échange est un cycle. Le comportement humain, qui réagit face à lui-même, est un cycle. Je parle de cycle, car nous assistons dans l'Histoire à une répétition de points qui, en parfaite corrélation à eux-mêmes, nous poussent à réagir sur les conséquences de nos réactions selon les mêmes règles. En cela, le contexte change, mais l'intrigue est toujours la même. Ces derniers siècles et dernières décennies ont constitué un tournant majeur de notre économie.

Pendant plusieurs milliers d'années, la seule concentration de richesse possible (or et argent principalement) se faisait par les conquêtes, l'impôt, et donc la centralisation du pouvoir autour d'une seule institution, avec souvent une seule tête à son sommet. Certains territoires ont tenté de s'affranchir des dynasties comme la Grèce et Rome. Après le déclin de la Grèce, le déclin de Rome, à partir de la fin du IIe siècle (simultanément à celui de la Chine), va provoquer l'entrée de l'Europe dans l'Âge sombre. Période de laquelle l'Europe se remettra difficilement avec l'avènement du Moyen Âge.

Au XIVe siècle, le monde connaît un nouveau tournant majeur avec la peste noire qui décime jusqu'à 1 habitant sur 3. Un tel problème démographique va devenir économique. Alors que le monde se remet doucement de cette tragédie, de cet effondrement économique, et que les capitaux reviennent en Europe, l'économie repart. Elle s'en trouve accompagnée d'inventions nouvelles qui participeront à faire émerger la Renaissance, celle des banquiers et des marchands. Développement du commerce qui mène droit à la découverte des Amériques. Comme nous l'avons vu, à partir de ce moment, la masse monétaire explose et le plus grand boom humain se forme doucement. Malgré des conditions agricoles peu propices au développement au XVIIe et XVIIe siècle, le capitalisme naît doucement, car les ressources sont généralement plus abondantes. Cette opposition qui prend effet et qui donne du pouvoir économique à l'individu lambda, qui remet en question le pouvoir monarchique, sera la clé à l'affranchissement des peuples. C'est à ce tournant de très long terme qu'apparaît notre civilisation basée sur la production, le libre marché et la liberté elle-même.

La société capitaliste s'organise lentement dans un système encore en transition. L'innovation et l'apparition de nouvelles technologies permettront de soutenir un important boom économique et démographique, quasi exponentiel.

C'est ainsi que la majeure partie de la croissance du PIB est concentrée sur ces 75 dernières années (plus grande intensité capitalistique, plus grande importance allouée aux facteurs de production, etc.). On peut ainsi distinguer deux phases à la croissance de ces 75 dernières années :

1/ Une première phase (1945-1980) de forte croissance caractérisée par une hausse de l'inflation, une hausse des taux et une chute générale de l'endettement. Il s'agit là d'une croissance qui ne se fait pas au détriment de l'avenir, une croissance plus durable.

2/ Une seconde phase (1980-2020) de croissance qui faiblit lentement et marque ainsi un point d'inflexion dans la courbe haussière du PIB mondial. Période de l'abandon de l'étalon-or. Cette phase se caractérise par une baisse des taux, une baisse de l'inflation, une hausse de l'endettement, une plus forte austérité salariale et une forte hausse des dépenses et déficits publics dans le temps. C'est une croissance qui se fait au détriment de l'avenir.

Ces deux phases cycliques expliquent assez bien la courbe du PIB mondial qui tend maintenant à s'infléchir avec les décennies. Cette forte croissance économique est suivie par une croissance bien plus faible, mais tout de même considérable, de la démographie, ce qui a permis une très forte hausse du niveau de vie. En réalité, il semblerait que la première phase de croissance des 75 dernières années ait été impulsée par la démographie. La démographie et la croissance sont indissociables.

L'analyse de ce « *super cycle* » économique semble ainsi montrer les premiers signes de transition. La démographie tend à s'infléchir bien plus vite que le PIB, ce qui suggère, à l'inverse de l'entre-deux-guerres, une croissance économique due à la population très faible dans de nombreux territoires sur ce siècle. Il resterait donc comme seul facteur de croissance les gains de productivité. Or, cela n'est possible que si la croissance générée est suffisante pour maintenir un fort niveau d'investissement dans l'éducation, la recherche, le développement… Autrement dit, la chute de la croissance due à la population va également entraîner une inflexion de la croissance générée par l'innovation. C'est la nature de tout processus dynamique. En cela, la croissance potentielle va probablement tendre à stagner au fur et à mesure des décennies.

Il y a donc bien un « *super cycle* », et sa manifestation sera graduelle dans les prochaines décennies, en particulier en Europe dès les 10 prochaines années. Et il y a de fortes chances pour que les années 2020 marquent un tournant majeur dans les différentes phases identifiables. Pour en savoir plus sur cette phase de transition économique à venir :

Mais revenons à la seconde phase de croissance de ces 75 dernières années. Cela nous amène à l'apparition d'un tournant économique majeur : les années 1970 et 1980. C'est un tournant majeur de notre société, qui se traduit en premier lieu par l'abandon définitif de l'or et de l'argent, mais qui se traduit avant tout dans l'organisation économique, politique et sociale.

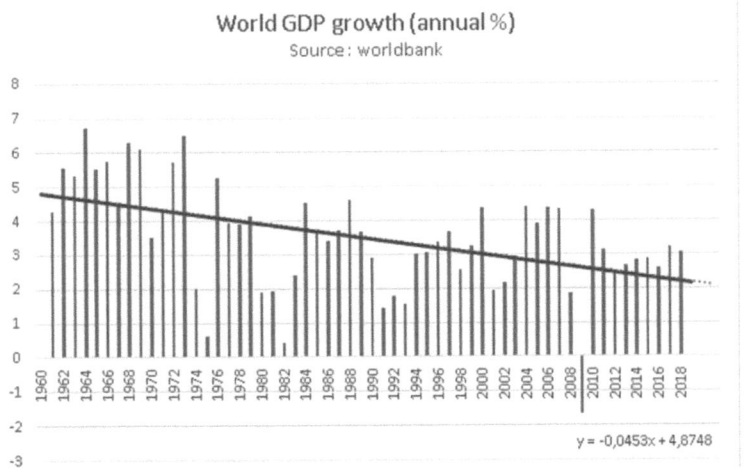

Comme le montre le graphique de la croissance mondiale, nous assistons à un ralentissement chronique et graduel de la croissance mondiale depuis les années 1970. L'inflation et les taux suivent la même tendance. Les années 1970 et 1980 ont marqué un tournant sur de nombreux aspects :

1/ En Occident, le système social souhaité d'avant-guerre s'enracine fortement et la génération des baby-boomers finira de répondre à cette demande d'action publique. Cela a pour conséquence de favoriser l'instauration d'un système socialiste ou assimilé, en particulier en Europe. Il s'accompagne, avec cette avidité de prospérité sociale, d'un ralentissement de la croissance démographique qui rend ces territoires moins propices à un boom économique.

2/ Ce que nous pouvons nommer l'ouverture du monde à lui-même. Les mesures, comme celles prises durant le XIe Congrès du Parti communiste chinois en 1978 visant à réformer le pays économiquement vers un système capitaliste, provoquent une soudaine mise en concurrence mondiale. Cette ouverture au monde des territoires émergents pousse à une reconversion des territoires « développés » vers le numérique et finit de les mener dans leur transition vers le tertiaire. Ce flux de capitaux vers les pays émergents a provoqué un très lourd ralentissement du progrès de l'Occident, malgré le retour sur investissement émergent.

3/ L'avènement du crédit « illimité ». Le crédit illimité a permis la hausse de l'endettement privé, pour compenser la perte de compétitivité implicite (ouverture au monde), ou pour industrialiser massivement. Hausse de l'endettement privé qui s'accompagne d'une hausse extrêmement importante de l'endettement public. La hausse de l'endettement public s'inscrit dans l'économie afin de tenter de soutenir la demande d'action publique et la demande intérieure.

De toute évidence, une économie où les pouvoirs publics pèsent pour plus de moitié (comme c'est le cas en France), accompagnée d'un surendettement privé qui abaisse la compétitivité et condamne les rendements à la baisse, a mené à l'avènement, avec exagération, « *d'une économie de Ponzi* ».

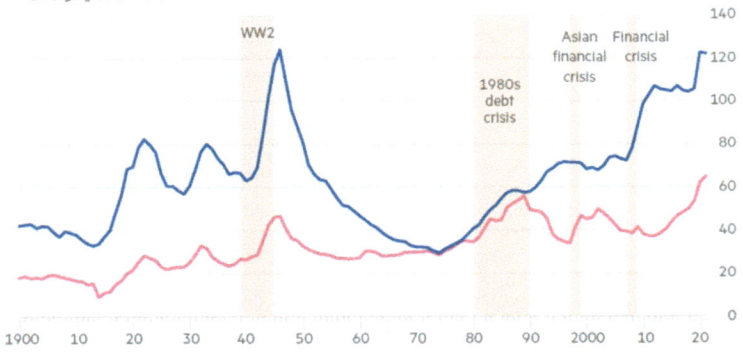

En 2020, la dette publique mondiale atteint les 120 % pour les économies avancées, niveau qui n'a pas été atteint depuis la Seconde Guerre mondiale. Sur le graphique, nous pouvons clairement voir l'inversion de tendance des années 1970/1980 pour les raisons que l'on sait. Point de retournement de 1973 d'autant plus parfait qu'il s'est produit quand l'endettement public au PIB des pays avancés équivalait à celui des pays émergents. Soit juste après l'avènement d'un système décorrélé de l'or. Avant 1973, avec la croissance économique, l'inflation, la hausse des taux et une création monétaire relativement limitée, l'endettement public a diminué pour corriger sur ses niveaux d'avant-guerres. Mais depuis ce retournement, nous reproduisons l'entre-deux-guerres…

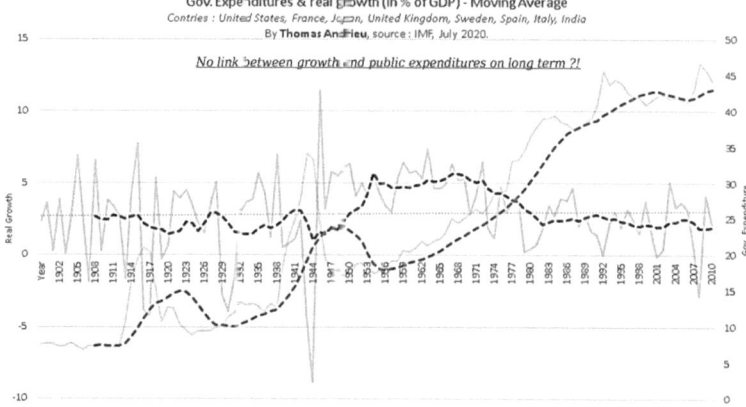

Un autre aspect intéressant du ralentissement de la croissance est le poids du secteur public dans l'économie. Le graphique reprend ici la moyenne mobile de la croissance avec la moyenne mobile des dépenses publiques, en % du PIB (dans 8 pays depuis 1900). Ce que ce graphique tend à nous montrer, c'est qu'il n'y a pas de corrélation entre la hausse des dépenses publiques et la hausse de la croissance. Il y aurait même, sous un certain aspect, une corrélation inverse à très long terme. Car, en effet, augmenter le poids de l'État dans l'économie (plus de dépenses et de recettes publiques), c'est réduire le poids du secteur privé (plus de pression fiscale). Les dépenses publiques ont littéralement explosé sur le dernier siècle. En 1900, les dépenses publiques représentaient 1,01 % au Japon, 2,70 % aux États-Unis ou 11,4 % en France. C'est respectivement près de 39 %, 38 % et 56 % en 2018. Le secteur public ne génère donc pas de croissance par nature.

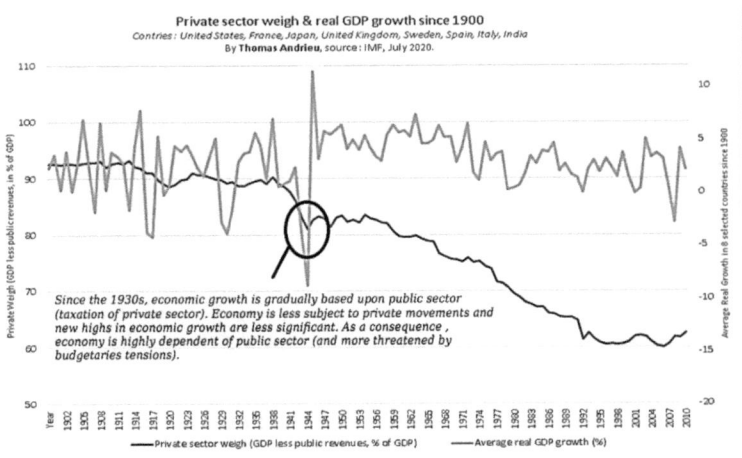

Logiquement, le poids du secteur privé dans l'économie s'est effondré. Toujours dans les 8 mêmes pays sélectionnés, le poids du secteur privé dans l'économie est passé de près de 92 % au début du XXe siècle à 60 % avant la crise des subprimes. On a assisté à une nette inversion de la situation avec l'avènement mondial du socialisme dans les années 1930. Autrement dit, une grande partie du PIB est de plus en plus devenue dépendante de la ponction du secteur privé. Cela a pour effet de ralentir les phases de croissance. La tendance à long terme (en particulier depuis les années 1950) est donc un ralentissement de la croissance qu'implique la diminution des facteurs alloués au secteur privé. Par ailleurs, l'économie est aujourd'hui très exposée à la santé budgétaire des États (qui détermine parfois plus de la moitié de la santé économique). Le ralentissement de la croissance qui a été encouragé par la forte diminution du poids du secteur privé participe donc à faire émerger des tensions budgétaires qui menacent une très grande partie de l'économie. L'économie est donc dans une fragilisation croissante évidente, qui se retrouve finalement en situation de surendettement.

L'ensemble des dettes confondues s'élèvent quant à elles à 255 000 milliards de dollars au dernier trimestre 2019[3]. 19 % de l'ensemble de ces dettes sont des dettes de ménages, 24 % sont des dettes financières, 28 % sont des dettes d'États et 29 % des dettes d'entreprises. En 2020, cette dette mondiale a augmenté de plus de 20 000 milliards de dollars, pour atteindre 277 000 milliards de dollars. Depuis les années 1970, ce sont en effet les États et les entreprises qui se sont le plus endettés. En 1950, l'endettement total représentait 100 % du PIB, c'est 200 % en 2019 et largement plus en 2020. Dans ces conditions, il est clair que le monde est surchargé de dettes, ce qui constitue un grave frein au développement actuel et futur.

Nous sommes dans une économie de bulle, bref, une économie de Ponzi. Cette idée de système de Ponzi fut développée par Hyman Minsky. Initialement développé autour de la notion de finance de Ponzi, le terme peut également s'appliquer à l'économie. Le processus du « *crédit de Ponzi* » est assez

---

[3] Source : IIF, International Institute of Finance.

simple à comprendre : quand la croissance (les revenus) ne suffit plus à payer la dette, alors il faut emprunter pour rembourser les dettes précédentes. C'est ce à quoi nous assistons au fur et à mesure que la pente de la dette devient de plus en plus abrupte. Pour en savoir plus sur la Pyramide de Ponzi :

Chaque année, le besoin de financement dépasse généralement celui de la précédente, car, en effet, en plus d'emprunter pour rembourser, il faut emprunter pour palier à l'inefficience qui découle de cet endettement. Le processus perdure ainsi jusqu'au fameux « moment de Minsky ».

Le cycle de Minsky

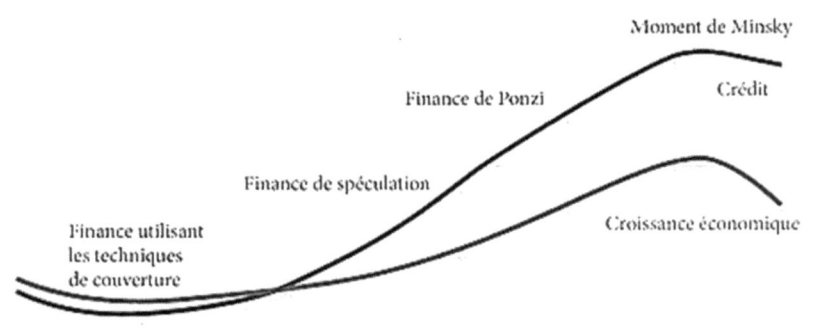

Jusqu'ici, la croissance économique et la prospérité sociale sont maintenues par le crédit à partir du ralentissement économique des années 1970 et 1980. Nous ne pouvons alors que tristement rappeler que la dette au sens large se termine toujours mal. Elle provoque une overdose de risque, de compétitivité, de tensions. Malheureusement, notre monde a oublié ce que signifie un retournement économique majeur, comme ce fut le cas avec la Grande Dépression. Il ne fait aucun doute que nous sommes à la veille d'un retournement majeur qui fera naître un nouveau modèle économique. C'est le cœur du propos de mon précédent livre de prospective *2021, Prémices de l'effondrement* : l'effondrement du capitalisme d'État (de l'État Providence avec modération), où les entreprises pèsent autant que l'État.

L'ÉCLATEMENT DE LA BULLE PUBLIQUE

Ce que nous pouvons appeler la bulle publique, qui pèse en termes de dettes publiques près de 70 000 Mds $ en 2019. C'est largement plus en 2020. Comme le montre le graphique ci-dessous, les taux obligataires (ici taux US à 10 ans) ont atteint un point haut en septembre 1981 et ne cessent de diminuer depuis. Dans le même temps, la dette publique (ici la dette du gouvernement fédéral) a explosé, passant de 316 Mds $ en avril 1966 à près de 25 750 Mds $ en mai 2020 :

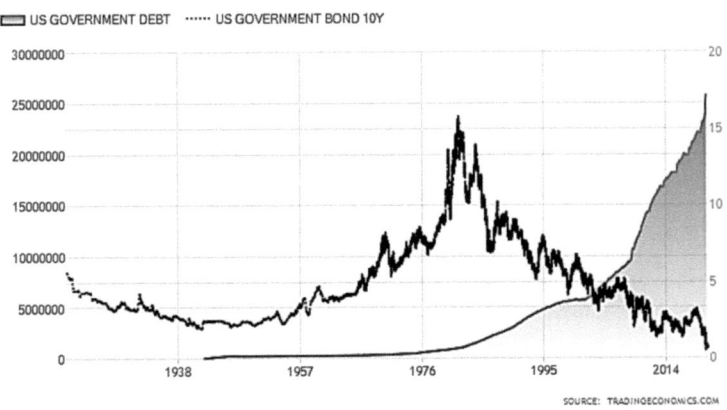

Dans mon dernier livre, j'ai notamment montré qu'il fallait en 2019 AU MOINS 60 ans pour rembourser une dette publique comme celle de la France. En 2020, il faudrait donc autour de 70 ans. Remboursement sous réserve d'un retour miraculeux à l'équilibre budgétaire, d'une absence totale de crise et d'une croissance et une inflation moyennes respectives de 2 % chaque année. Dans ces conditions-là, la conclusion est simple : la dette publique ne peut économiquement pas être remboursée. Cela explique aujourd'hui le fait que la destruction monétaire est inopérante. Ce qui implique un gonflement du prix des actifs et de multiples conséquences sur les populations. Voir mon article à ce sujet :

L'or et l'argent au cœur de la prospective économique

Le schéma de la dette publique est probablement un des plus insolvables. Et il est assez simple à comprendre. Premier paramètre à prendre en compte : la nature des activités de l'État. Un État n'est pas une entreprise ou un ménage dont l'objectif est le gain. Il n'a donc aucun revenu, aucun actif. Il ne peut donc ni avoir des garanties (comme une hypothèque) et ne peut pas être jugé en cas de défaut. L'État, donc, n'a ni la possibilité de rembourser ni la contrainte de rembourser.

Le déficit public fédéral a augmenté de près de 512,41 % entre 2007 et 2019, passant de 160 milliards à plus de 984 milliards. Oui, 512 % ! Même sans un retour de crise en 2020, un retour à la situation pré-2007 est aujourd'hui impossible. En considérant l'impact estimé minimum sur le déficit en 2020 à 3 700 milliards $, cela porte l'augmentation du déficit à plus de 2 202 % entre 2007 et 2020 ! Oui, une augmentation de 2 200 % du déficit fédéral US en 13 ans ! ... C'est bien de bulle dont on parle ici ! Les déficits deviennent donc hautement structurels, car l'extension des pouvoirs de l'État Providence arrive à son paroxysme. Un déficit structurel modifie complètement la répartition des pouvoirs économiques et la légitimité de ceux-ci. En cela, à très long terme, des déficits graduels et éternels sont hautement néfastes pour la stabilité économique et politique d'une société. Les États sont entrés dans un piège duquel nous connaissons tous la fin, et duquel ils ne pourront plus sortir, annulation ou pas. De manière directe ou indirecte, l'histoire de la dette publique ne s'est jamais bien terminée dans l'Histoire et provoque TOUJOURS des tensions. La dette publique est en lien direct avec les tensions sociales et civiles à long terme. La dette publique est un stock d'impôts, une promesse de ponctionner directement ou indirectement la nation.

Sur ce sujet précis de ponction de la nation et l'importance de l'or pour lutter contre celle-ci, j'aimerais reprendre une citation de Alan Greenspan, ancien président de la Fed de 1987 à 2006. On ne pourra en effet que mettre en avant le fait qu'à chaque fois que le déficit public augmente, le cours de l'or est presque exclusivement suivi d'une hausse. Dans son plaidoyer pour l'or, « Gold and Economic Freedom », de 1966, Alan Greenspan reprend le lien entre l'or et la liberté :

« Voilà le secret écoulé des partisans de l'État-providence contre l'étalon-or. Dépenser par la voie du déficit est simplement un stratagème pour confis-

quer la richesse de façon cachée. L'or se dresse contre ce processus insidieux. Il paraît comme un dispositif de protection des droits de la propriété. Ayant saisi cela, on n'a aucune difficulté à comprendre l'opposition des étatistes à l'égard de l'étalon-or. »

La bulle publique s'est traduite par l'instauration d'un système socialiste ou quasi socialiste qui a mené une politique de déficits indéfiniment plus longue. Ces déficits génèrent une dette publique qui permet de mesurer l'ampleur de cette bulle publique. La dette publique est un processus de très long terme, qui accompagne généralement les civilisations elles-mêmes. Le contexte dans lequel cette dette publique se développe, et le contexte dans lequel elle périclite ne change que très peu. Nous sommes juste dans la reproduction d'une triste Histoire, où l'inconscience et l'irresponsabilité priment sur l'avenir, par une lâche peur du présent. Il nous manque des personnalités politiques avec un sens du tragique de l'Histoire.

Par ailleurs, l'idée selon laquelle la dette émise crée de la croissance qui servira à payer la dette est une utopie. D'après les données de Martin A. Armstrong, spécialiste en la matière, la quasi-totalité des États ayant eu une dette ne l'ont jamais remboursée en totalité, c'est d'autant plus vrai en démocratie. Cette non-solvabilité s'explique par le fait que (1) rembourser une dette avec des recettes publiques implique une diminution systématique de l'activité, ce qu'aucun politique n'est prêt à endurer, et (2) ne pas rembourser une dette (la payer avec une autre dette ou faire défaut) permet à un nouveau représentant de tenir ses promesses. Une autre raison simple à comprendre est que **si la croissance économique est dégagée, alors le poids de l'État dans l'économie aura tendance à diminuer. Ainsi, dans la mesure où la demande d'action publique reste identique, l'État va devoir augmenter ses dépenses publiques**, ce qui ne lui laisse plus la possibilité de rembourser et l'oblige, le plus logiquement, à dédier ces nouvelles recettes à des dépenses nouvelles. La dette est, par nature, mise de côté quand bien même la théorie des politiques contracycliques (austérité après déficit) part en fumée.

Le schéma de dette publique peut être comparé à un schéma de Ponzi dans la mesure où le remboursement de la dette implique la création d'autres dettes. Il faut arrêter de se focaliser sur les intérêts qui sont mineurs de nos jours dans la dette publique. Comme son nom l'indique, le plus important, c'est le principal. Le service de la dette, ce que l'État doit pour payer l'intégralité, c'est 135 milliards d'euros en 2019 pour l'État français. La charge de la dette, que l'État a tendance à trop mettre en avant en oubliant de parler du principal, c'est 42 Mds € en 2019. Alors, oui, les taux négatifs ont tendance à faire diminuer la charge de la dette, mais ils font surtout augmenter le service de la dette (le besoin de financement), bien au-delà du raisonnable.

Ce à quoi nous assistons depuis 50 ans, c'est que les déficits deviennent de plus en plus chroniques et graduels. C'est aussi une augmentation graduelle du besoin de financement de l'État. En 2019, le besoin de financement était autour de 240 milliards, c'est 360 en 2020, bien que les circonstances soient exceptionnelles. Les records de besoins de financement s'enchaînent, car au roulement des dettes (du service de la dette) s'ajoute le déficit. En 2020, les services publics français dépensent par exemple plus de 61 % du PIB ! Les conditions sont exceptionnelles, mais cette situation est déjà ancrée depuis un moment. L'État en arrive même à être plus dépendant de la dette que des contribuables, ce qui risque de s'aggraver.

À titre comparatif, allez voir votre banquier, montrez-lui vos revenus, qui dépendent en grande partie du prêt que vous avez fait à la banque d'en face, puis montrez-lui votre endettement actuel de près de 11 fois vos recettes annuelles, puis ne lui présentez aucune garantie. C'est ce que font les États, et en promettant un remboursement sur le dos des contribuables, ils donnent l'illusion d'un système viable.

Mais alors, pourquoi parler de bulle ? Pour deux raisons :

1/ Nous sommes passés d'une situation où le déficit alimentait la dette à une situation où la dette alimente le déficit, qui alimente lui-même la dette, et ainsi de suite...

2/ La solvabilité de l'État dépend maintenant quasi exclusivement de la confiance des investisseurs, qui alimentent le budget. Si les investisseurs ne prêtent plus, la pyramide s'effondre, car l'État sera en incapacité de mobiliser les moyens nécessaires. La seule différence avec la pyramide de Ponzi, c'est que la présence des contribuables retarde l'éclatement de celle-ci. On comprend alors mieux pourquoi la quasi-totalité des États ayant eu une dette ne l'ont jamais remboursée en totalité.

La bulle dans laquelle nous sommes s'est formée depuis la fin des Trente Glorieuses, quand les obligations d'État étaient encore surnommées « Certificats de confiscation de richesses ». Les bulles ont souvent tendance à rapidement faire perdre la mémoire... À la fin des Trente Glorieuses, comme les taux obligataires, ou taux de rendement pour les créanciers, étaient à l'époque plus élevés que ceux qui pouvaient être réalisés dans une entreprise après investissement, les capitaux se sont dirigés vers les obligations. L'économie est entrée dans un sous-investissement privé devenu chronique et graduel, au moins sur l'aspect de l'éviction publique. Cela a participé à la formation d'une bulle obligataire, accompagnée d'une baisse des taux continuelle, qui a fait entrer les États au-delà des limites du raisonnable. C'est l'avènement de la dette de Ponzi, du

passage d'une bulle du rendement à une bulle de la
« sécurité ».

Pour mieux comprendre les conséquences de la dette publique sur l'or et l'argent, il suffit de regarder trois principaux aspects : les taux, la confiance envers les gouvernements, et les changements économiques et sociaux. Les métaux sont des actifs hautement corrélés au marché obligataire à long terme.

Premièrement, la confiance envers les gouvernements est extrêmement dépendante de la dette publique. Il suffit de regarder ce qu'il s'est produit en Grèce antique, avant la Révolution française ou durant l'entre-deux-guerres en Allemagne. La dette publique renforce la dépendance du peuple au gouvernement quand elle se forme. Mais quand le schéma de la dette publique tombe, la désillusion est soudaine et la dépendance se transforme en haine. Dans ces périodes, la confiance envers la devise tombe généralement, surtout quand la devise n'a aucune valeur intrinsèque. La dette publique ne s'est jamais bien terminée dans l'Histoire, annulation ou pas ! Plus elle grossit, plus les oppositions sont fortes, car les tensions budgétaires sont plus élevées. Dans la mesure où le retournement du marché obligataire, ce qui arrivera un jour, implique une chute soudaine de confiance envers les gouvernements et la devise qu'il représente, l'or ne peut que monter.

Ainsi, dans cette situation, nous assistons généralement à un revirement de l'organisation politique et sociale, et donc du modèle économique. Les années 1970 et 1980 ont marqué un clair revirement public. Ce changement soudain d'équilibre économique (voir partie suivante) a provoqué des tensions sur l'offre et la demande, ce qui a poussé le prix de l'or à la hausse. À l'inverse, dans un revirement du modèle économique en opposition à celui de la fin des Trente Glorieuses, de fortes tensions sociales ont tendance à émerger avec les changements idéologiques qui en découlent. Souvent, alors, des tensions politiques font leur apparition et le contexte devient hostile à une continuité du processus économique et propice aux métaux.

Comme nous l'avons traité, un des indicateurs macroéconomiques les plus fiables pour déduire les variations de l'or est le taux réel (qui est la différence entre le taux en vigueur et l'inflation). Si les taux d'intérêt se mettent à monter violemment, alors les métaux seront en théorie pénalisés. Pourtant, ce n'est pas le cas dans une situation de panique sur obligations. Entre 1979 et 1980, par exemple, le taux obligataire à 10 ans US est passé de 8,8 % en juin 1979 à plus de 13 % en février 1980. Dans le même temps, l'once d'or est passée de 280 $ à 665 $. Ce n'est qu'après, quand les taux sont remontés jusqu'en 1981, que l'or a été pénalisé. On assiste donc dans une certaine mesure à une explosion du prix de l'or avant que les taux obligataires remontent durablement. En réalité, tout dépend de l'inflation qui, dans le cas de figure actuel, sera très probablement supérieure aux taux. Il faut contextualiser la hausse durable des taux qui nous permet de comprendre qu'une violente hausse des taux aujourd'hui ne pourra que bénéficier aux métaux dans un premier temps. Car, en effet, de manière plus globale, si les obligations n'étaient plus en mesure d'assurer leur sécurité illusoire, l'ensemble des autres valeurs refuges en bénéficieraient.

Grâce au graphique ci-dessus, nous pouvons distinguer la croissance économique et les intérêts payés sur la dette publique (en % du PIB) dans 8 pays depuis 1900. Depuis les années 1990, avec leur pic autour d'une moyenne de 5 % du PIB, les intérêts payés sur la dette publique n'ont fait que diminuer, exactement de la même manière qu'entre le début des années 1930 et le début des années 1960. Mais avec le rééquilibrage économique de l'après-guerre suivi de l'abandon de l'étalon-or en 1971, les intérêts payés sur la dette publique ont fortement augmenté. On remarque cette inversion parfaite sur le graphique.

Mais que nous dit exactement ce graphique ? Il permet de mesurer la profitabilité de la dette publique. Si les taux payés sur la dette (en % du PIB) augmentent, pour un même poids de l'État dans l'économie et pour une même croissance, alors la dette publique aura tendance à baisser. Et inversement : une baisse des taux payés sur la dette provoque généralement une hausse de la dette publique (qui est moins chère). Plus les taux payés sur la dette sont bas, plus la dette publique est sous tension, car le besoin de financement augmente alors que la solvabilité diminue. Et ainsi, la « profitabilité » de la dette diminue.

Il faut s'attendre à une nouvelle inversion du cycle sur les intérêts payés, car les États ont abusé de ces faibles taux en faisant exploser les volumes appliqués à ces taux. Inversion équivalente au début du XXe siècle ou aux années 1960.

Un autre aspect intéressant, qui résume à lui seul la similitude entre les années 1930/1940 et les années 2010/2020, monétairement parlant, est la base monétaire (en % du PIB) :

L'or et l'argent au cœur de la prospective économique

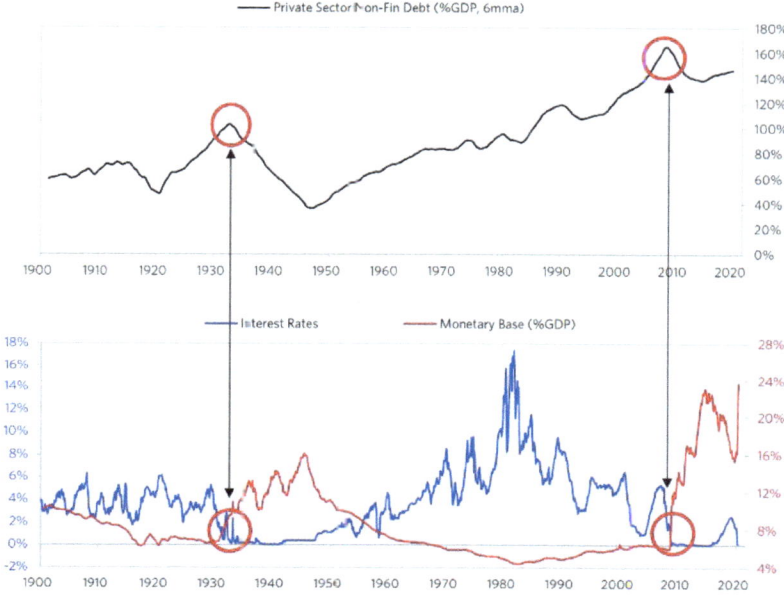

De 1931 à la fin de la Seconde Guerre mondiale, les États-Unis ont pratiqué une politique expansionniste, voire hyper-expansionniste (la base monétaire passant de près de 7 % du PIB en 1931 à près de 16 % à la fin de Seconde Guerre mondiale). Cette hausse de la base monétaire en rapport au PIB s'est manifestée, exactement comme en 2008, après une crise de l'endettement privé. Endettement privé qui passe de plus de 100 % du PIB (USA) au début des années 1930, à près de 40 % au milieu des années 1940. Ce que l'on remarque également, c'est que l'explosion de la base monétaire se produit à chaque fois que les taux d'intérêt sont au plus bas à très long terme. Autrement dit, quand les Banques centrales n'ont plus d'armes en réserve. Le bilan de la FED représentait jusqu'à plus de 20 % du PIB au début des années 1940. Des politiques centrales similaires ont été menées au Royaume-Uni, où le bilan de la banque centrale a dépassé les 19% du PIB en 1947. La BoE (Bank of England) est un bon exemple historique en matière de politiques monétaires. Le bilan de la BoE représentait 21% du PIB en 1732, 17% en 1834, 19% en 1947 et près de 23% en 2016[4]. Une étude approfondie montre que les politiques expansionnistes durent en général 26 à 27 ans, suite à quoi des changements économiques et financiers apparaissent.

Nous sommes face au même problème qu'il y a 80 ans ! ... Il paraît clair que les politiques monétaires et budgétaires ne pourront pas perdurer éternellement. Car, comme nous allons le voir, ce serait une destruction évidente du marché lui-même. Ces politiques peuvent encore perdurer une décennie. Mais après les années 2030, il semble presque inimaginable de continuer avec ce genre de programmes hyper-expansionnistes. C'est historique (si ce n'est à la différence que la rigueur de l'étalon-or n'est plus dans les mœurs). **Dans tous les cas, ces politiques ne seront pas suffisantes pour maintenir l'équilibre économique dans les deux prochaines décennies.** Pour en savoir plus :

---

[4] Source : FRED, 2020.

L'or et l'argent au cœur de la prospective économique

Ainsi, les politiques massives seront structurellement limitées dans le temps et devront changer de directive à un moment donné ! À ce moment-là, il se peut que la scène internationale se réorganise et nous pouvons imaginer l'avènement d'un nouvel équilibre mondial. Ce qui est en corrélation parfaite au modèle de confiance économique (voir mon précédent livre de prévision). Nous sommes à un tournant économique majeur de notre civilisation, et les États seront au cœur de l'intrigue au vu de l'ampleur qu'ils ont prise.

Les Banques centrales, dont la BCE, ont échoué dans leurs objectifs d'inflation, car n'ont pas pris en compte la nature réelle de l'économie depuis 40 ans et la tendance implicite qui s'en dégageait. Dans une extrême mesure, le seul retour possible de l'inflation à long terme aurait été possible via une lente hausse des taux (voir annexe), et non l'inverse. On ne peut pas réduire l'économie à une doctrine disant : « Baissez les taux et vous aurez de l'inflation sans aucune considération de temporalité et de cyclicité. » Ce ne sont pas des politiques sérieuses qui ont été appliquées ces dernières années. Ce sont juste des soins prodigués au jour le jour sans considération de l'évolution de la maladie dans le temps. Ces deux prochaines décennies marqueront un retournement évident dans les politiques monétaires et fiscales.

Pour aller plus loin, retrouvez un de mes longs articles à ce sujet :

D'UNE POLITIQUE DE LA DEMANDE VERS UNE POLITIQUE DE L'OFFRE...

Si l'étalon-or était encore en vigueur, nous aurions probablement déjà eu une guerre, car la pression déflationniste aurait été trop forte au regard des dettes. Pression déflationniste qui aurait provoqué des tensions internes et externes phénoménales ces dernières décennies. Mais l'abandon de l'étalon-or a permis de créer un nouvel équilibre économique qui maintenant s'essouffle après plus de 40 ans d'application.

Nous sommes à la veille d'un rééquilibrage de l'économie. Rééquilibrage économique que les gouvernements n'ont fait qu'amplifier avec les mesures suicidaires pour l'économie qui sont celles des confinements généralisés et tenter par la suite d'accélérer, de manière incohérente, la transition écologique. Mais alors, quel rapport avec l'or ? L'or bénéficie TOUJOURS de ces processus de rééquilibrages économiques en haut ou bas de cycle d'offre ou de demande.

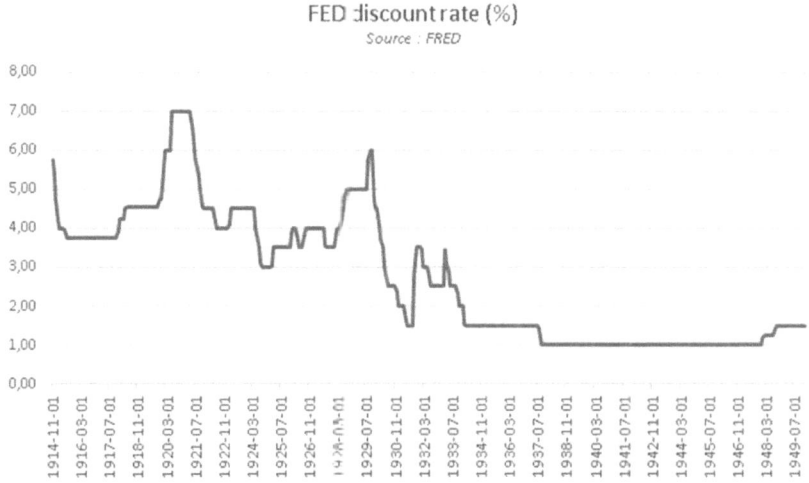

J'aimerais attirer l'attention sur la situation économique des années 1930, où la baisse des taux et la hausse des dépenses publiques n'ont pas su relancer la demande.

Nous faisons face au même problème qu'il y a 80 ans, il suffit de faire le parallèle avec la courbe des taux sur les dernières décennies. En 1929, le taux d'escompte de la FED (taux de court terme sur le marché monétaire) a drastiquement diminué, passant de 6 % en septembre 1929 à 1,5 % en juillet 1931 (pour essayer de contrer l'arrivée massive des capitaux face aux troubles européens). Pour Milton Friedman, la Dépression a été grandement encouragée par un manque de liquidités avec la hausse des taux qui a opéré au premier semestre 1929, ce qui a par la suite obligé la FED à diminuer drastiquement les taux. Un peu comme pré-2008 quand la FED a augmenté ses taux entre 2006 et 2008. Après la fin de la première récession en 1933, les taux sont ensuite tombés à 1 % en octobre 1937 et sont restés à ce niveau pendant plus de 10 ans. La baisse des taux massive a-t-elle résolu la Dépression ? Non !

Dans le même temps, les dépenses publiques ont généralement augmenté. Voici l'évolution des dépenses publiques des principales puissances économiques (en % du PIB) :

Dépenses publiques (en % du PIB) et hausse entre 1928 et 1934. Source : FMI, database				
Pays	1910	1928	1934	Hausse
États-Unis	2,19%	3,06%	10,07 %	+229%
Royaume-Uni	8,18%	17,8%	18,76 %	+5,4%
France	10,56%	12,77%	24,4 %	+91%
Allemagne	19,47%	14,11%	12,73 %	-9,7%
Pays-Bas	10,24%	7,4%	12,07 %	+63,55%
Moyenne	**10,12%**	**11,02%**	**15,60%**	**+41,56 %**

Entre 1928, avant la crise de 1929, et 1934, premier ralentissement notable de la Dépression, le poids de l'action publique dans l'économie américaine a été multiplié par près de 3,3 (+229 % de dépenses publiques par rapport au PIB). C'est comme si, en proportions équivalentes, les services publics américains augmentaient leurs dépenses publiques à 110 % du PIB face à une crise en 2019.

Cette augmentation est également considérable en France (+91 %), aux Pays-Bas (+63,5 %) et moins pertinente pour le Royaume-Uni (+5,4 % sur la même période). La hausse des dépenses publiques a-t-elle résolu la Dépression ? Non !

Ni la baisse des taux ni la hausse des dépenses publiques n'ont résolu le problème de la Dépression, et à l'époque, le principal problème était la déflation. Comme aujourd'hui, le rôle de ces politiques a d'abord été celui de la « stabilisation » et non pas de la relance, tout simplement, car l'économie arrivait au bout de sa logique productive et d'endettement. Le soutien de la demande par la relance n'a pas été pertinent. Keynes, au Royaume-Uni, défendait le fait qu'il fallait agir encore plus massivement (taux encore plus bas et encore plus de dépenses publiques). Mais même avec une action massive, comme aux États-Unis sous l'administration de Herbert Hoover, puis en particulier de Roosevelt, ces politiques ont été la manifestation d'un retournement économique. Roosevelt a eu recours à des politiques hyper étatiques visant à augmenter le déficit public, les dépenses publiques (programmes de sécurité sociale, des programmes de travaux publics…), mais aussi la taxation (Revenue Act of 1935…).

Hitler a eu recours à des pratiques similaires avec des travaux publics. L'économie a également été soumise à la privatisation des entreprises par les nazis qui avaient besoin de fonds pour financer le déficit public que provoquait l'explosion des dépenses militaires. Hitler a également forcé les banques à souscrire à des obligations qui étaient ensuite soldées en partie par les recettes des privatisations. Cette situation de fort blocage de l'offre et de la demande a abouti sur un rééquilibrage progressif de l'économie, avant et après la Guerre.

Il y a des périodes où la demande prédomine et des périodes où l'offre prédomine dans le processus de croissance économique. Il suffit de regarder la confrontation de la demande et de l'offre de capitaux pour le comprendre. Après la Grande Dépression, la croissance économique s'est faite dans un contexte de hausse des taux, d'inflation graduelle pour éliminer la dette accumulée des 40 dernières années, et donc de mise générale sous tension de l'offre.

Comme le montre le graphique ci-dessus, qui reprend les profits des entreprises US (après taxation) en rapport au PIB, c'est-à-dire la rentabilité (marginale) du capital, nous avons assisté à un déclin général du profit des entreprises entre les années 1940 et les années 1980. Cela explique le fait que la demande, portée par les baby-boomers en grande partie, a été au cœur du processus de croissance économique. Mais pourtant, l'offre, en termes de rentabilité du capital, ne suivait pas cette demande. Quand la rentabilité du capital augmente, la théorie veut qu'il vaille mieux diriger l'investissement vers le secteur privé (qui devient un porteur de croissance encore plus efficient que l'investissement public). Donc, pour maintenir un taux optimal de croissance entre les années 1940 et 1980, la meilleure solution fut la hausse des taux. La hausse des taux permettait en effet d'augmenter la rémunération du capital et favoriser l'investissement (l'épargne) plutôt que la consommation, afin de justement soutenir l'offre par l'investissement dans un contexte inflationniste (traduisant une sous-performance de l'offre par rapport à la demande). C'est exactement ce que nous avons remarqué sur la courbe des taux.

Mais à partir des années 1980, la tendance s'inverse et les profits des entreprises repartent à la hausse. L'offre devient ainsi prédominante dans le processus de croissance économique et la demande se retrouve freinée. Demande freinée par la hausse des cotisations, impôts et taxes en tous genres, la baisse des salaires en comparaison à la productivité, etc. En effet, de 1990 à 2019, les salaires réels dans l'OCDE ont augmenté de 23 % alors que la productivité a augmenté de 49 %. Soit près de la moitié de la hausse de la productivité n'a pas été allouée à la hausse des salaires, ce que nous observons nettement et anormalement depuis les années 1970. Comme le montre le graphique de Natixis ci-dessous, qui reprend les variations du salaire nominal (hors inflation) par tête, le net ralentissement de la progression des salaires impacte la demande, qui impacte à son tour l'inflation sur les prix et limite la hausse de la demande et ainsi de suite... Nous assistons donc bien à une prédominance de l'offre dans la croissance économique, ce qui met la demande (par la faible progression des salaires) au second plan :

La croissance s'est donc faite par prédominance de l'offre ces 40 dernières années et la demande a tenté d'être dopée par une baisse des taux également chronique. Baisse des taux qui a favorisé l'investissement, et donc une compétitivité dopée, que nous retrouvons avec la multiplication des entreprises zombies et un surendettement graduel. Comme le montre le graphique ci-dessous, la part d'entreprises zombies a nettement augmenté depuis la fin des années 1980. Cette part atteint près de 16 % dans l'OCDE en 2015. On attend par entreprises « zombies » des entreprises qui ne subsistent sur le marché que par la présence de faibles taux d'intérêt. On peut également parler d'États zombies (pour qui la solvabilité est assurée par les taux bas).

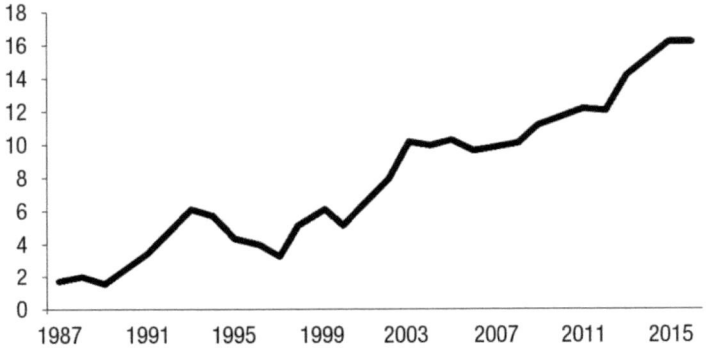

Degré de zombification : pourcentage d'entreprises « Zombie »
En % (pondéré par les PIB)

Liste des pays : Allemagne, Australie, Belgique, Canada Danemark, Espagne, Etats-Unis, France, Italie, Japon, Pays-Bas, Royaume-Uni, Suède et Suisse.
3 années consécutives de Interest Coverage Ratio<1 où ICR=EBIT/service de la dette

SOURCE : BRI, CALCULS : GROUPAMA AM

Nous l'avons vu, l'offre a prédominé dans le processus de croissance économique. La situation perdure jusqu'à ce qu'un point de blocage/d'essoufflement de cette course à l'offre s'arrête du fait de la non-soutenabilité à terme de tels niveaux d'endettement, d'une telle hausse de la productivité sans compensation sur salaires, ou encore d'un manque excessif de taux bas.

En bas de cycle de prédominance de l'offre, la compétitivité est relativement faible, contrairement à une situation de haut de cycle actuel où l'offre est extrêmement forte et se maintien difficilement par la dette. Pour plus de détails dans ma logique économique de cycle de l'offre ou de la demande, je renverrai à l'annexe en fin de livre.

Ce qu'il faut retenir, c'est le processus de rééquilibrage économique (de probablement environ 40 ans à long terme). Nous pouvons ainsi parler de périodes où la croissance économique est essentiellement portée par la demande. Si tel est le cas, alors le contexte de fonds est souvent inflationniste, les taux d'intérêt remontant, provoquant une limitation de l'augmentation des dépenses publiques. La hausse des taux et ces situations peu propices à l'investissement poussent alors les profits des entreprises à la baisse, ainsi que leur concentration. L'offre étant d'autant plus limitée que cela participe à augmenter les prix et ainsi de suite.

À l'inverse, ce à quoi nous assistons depuis environ 40 ans, et ce qui était assez similaire il y a 80 ans, est une prédominance de l'offre dans la croissance économique. La chute de l'inflation provoque une baisse des taux. Cette baisse des taux profite à l'investissement et à la compétitivité des entreprises, ce qui fait diminuer la progression des salaires. La demande se retrouve pénalisée avec les conséquences politiques et sociales qui adviennent. Conséquences sociales qui, avec la baisse des taux, provoquent une extension des pouvoirs publics. La hausse de l'endettement qui en découle bloque la croissance future et donc l'inflation future. Les États et les entreprises continuent à s'endetter pour rester compétitifs et ainsi de suite… L'économie de

Ponzi est atteinte quand la dette n'a plus aucun objectif productif et sert juste à alimenter une solvabilité illusoire. Le tout alors que l'inflation et la croissance font du surplace : « japonisation ».

Pour maintenir ce système en vie, les Banques centrales sont dans l'obligation de maintenir les taux bas pour porter un soutien à la demande et permettre à la croissance de ne pas tomber. Mais en réalité, les Banques centrales, comme dans les années 1940, sont bloquées. La baisse des taux ne sert même plus à relancer la demande, mais à maintenir l'offre qui s'essouffle. À ce moment-là, le système est confronté à un problème de dettes, un problème monétaire, un problème de productivité. Car, oui, dans une économie de Ponzi qui s'affranchit soudainement d'une pression déflationniste, l'inflation fait généralement un retour fracassant. Et le cycle s'inverse.

C'est dans ces périodes-là (années 1930, années 1970) que l'or bénéficie de l'instabilité et des très fortes tensions exercées à la fois sur la demande et l'offre dans le processus économique. Depuis plusieurs décennies, nous jouons au chat qui se mord la queue. La baisse des taux a provoqué une relance de court terme de la demande (passée au second plan). Cette baisse des taux pousse à une hausse de l'investissement privé et surtout public, et donc à une hausse de l'endettement. Rapidement, l'endettement nécessite une hausse des recettes publiques et une nouvelle hausse de l'endettement privé ou une austérité salariale pour soutenir la même productivité. La progression de plus en plus lente des salaires en comparaison à la productivité (la principale cause est très certainement la hausse massive des cotisations sociales) freine ainsi la demande alors que l'offre se retrouve en « surplus » de production. Les prix se mettent à baisser, ce qui oblige les Banques centrales à baisser les taux et ainsi de suite... À chaque fois que les Banques centrales baissent les taux, la relance se transforme en dépendance supplémentaire des entreprises et des États, qui ont besoin de taux éternellement plus bas pour maintenir cet équilibre. Ainsi, l'efficacité de la relance diminue graduellement et chroniquement, ce qui nécessite des politiques de plus en plus massives et expansionnistes pour une même efficacité. C'est ce qui explique la totale irréversibilité des politiques monétaires ! Les Banques centrales ne peuvent pas prendre le risque de monter les taux, car elles ne peuvent ni prendre le risque de pénaliser le surendettement actuel, ni prendre le risque de faire éclater la bulle sur les actifs, ni prendre le risque de provoquer une explosion du risque. C'est donc bien, une « économie de Ponzi » ! Pour résumer simplement l'équilibre économique actuel :

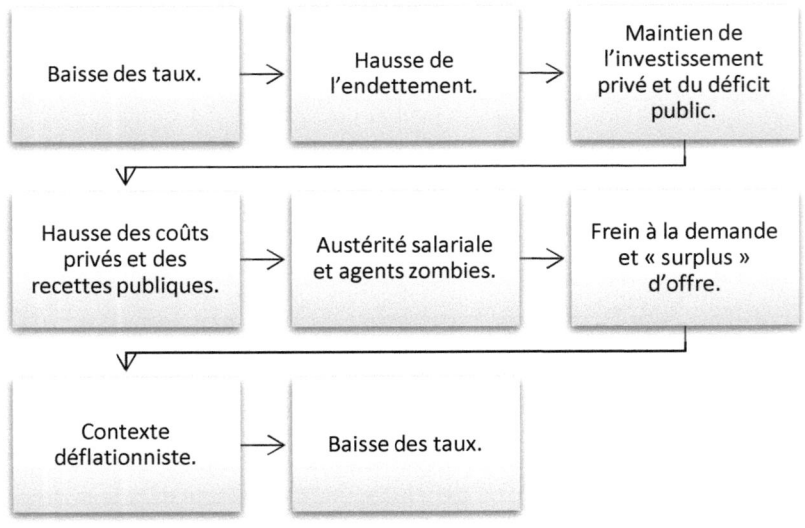

L'EFFONDREMENT DU MODÈLE ÉCONOMIQUE

Mais alors, comment se terminera cet équilibre ? Sur divers aspects, donc, nous sommes à la veille d'un rééquilibrage économique qui implique l'effondrement du modèle économique actuel. Actuellement, l'État pèse pour près de moitié dans l'économie. Nous avons vu que ces dernières décennies ont bénéficié à l'offre (entreprises) qui a profité de meilleurs profits, mais de rendements plus faibles. Rendements plus faibles qui s'expliquent par une économie plus productive. Et plus récemment, de plus faibles rendements découlent de la nécessité de relancer la demande. Cette baisse des rendements a incité les entreprises à diminuer les salaires et à s'endetter plus. Cet endettement croissant instaure une très forte pression déflationniste, une offre non justifiée (zombies), qui empêche la croissance et l'inflation. Ce contexte déflationniste est d'autant plus vrai avec l'industrie technologique, avec la situation démographique à terme et la volonté de désendettement.

Ce contexte économique de déflation est celui qui doit à tout prix être évité par les Banques centrales, sans quoi le poids des dettes serait en effet multiplié. Et le dilemme qui apparaît aujourd'hui, c'est que les Banques centrales devront aussi éviter l'inflation (du moins, éviter la hausse des taux). En bref, une forte instabilité des prix est devenue une menace systémique de nos jours. Les Banques centrales sont ainsi dans l'obligation de baisser éternellement les taux pour maintenir l'équilibre économique de prédominance de l'offre en dopant artificiellement la demande, en particulier de capitaux. Nous revenons encore à cette logique d'économie de Ponzi, où la baisse des taux pousse le surendettement à la hausse, ce qui accroît la dépendance à la dette et, dans ce contexte déflationniste favorisé par la dette, oblige les Banques centrales à baisser encore plus leur taux et ainsi de suite… Vous l'aurez compris, plus le système s'enfonce dans ce modèle économique, moins les politiques monétaires et fiscales sont efficaces. Ces injections de liquidités et ces baisses de taux favorisent une hausse du prix des actifs, ce qui accentue les inégalités de patrimoine et favorise l'offre d'actifs. La demande se retrouve ainsi pénalisée et épuisée dans le processus de croissance économique.

Une fois le postulat du contexte de ces dernières décennies posé, je pense qu'il est important de faire preuve d'un important recul historique pour comprendre où vont nous mener ces politiques. Pour poser la question autrement : que se passe-t-il après que les rendements sont au minimum et que les politiques massives sont appliquées ? Quelle est la prochaine étape pour maintenir un système viable ? Nous pouvons distinguer deux grandes conséquences des politiques monétaires et budgétaires hyper-expansionnistes :

Premièrement, l'avènement d'un système extrêmement dépendant de la dette, des dépenses publiques et des marchés. Le risque est ensuite celui d'une « décapitalisation » de l'économie du fait des rendements négatifs dans l'économie réelle, de la multiplication des mesures punitives sur le capital pour les États et des bulles sur les marchés. Dit autrement, le risque de pénaliser la croissance à long terme. Ainsi, le risque du sous-investissement devient donc graduel, car l'endettement soutiendra avant tout les dettes passées, et la faible rémunération du capital, accompagnée de sa ponction, incite à prêter moins et surtout à investir moins. Dans ce cas de figure, comme dans les années 1930, la demande peut reprendre progressivement le dessus, car le surendettement de l'économie, la prolongation d'un système de l'offre qui ne fait qu'accroître les tensions au sens large (économiques, sociales, civiles, politiques) finira par se confronter à un obstacle de surtension.

On peut donc se retrouver face à une grave crise de demande comme dans les années 1930 où les moyens réels manquent, car l'offre n'a plus les moyens d'alimenter l'économie réelle. En cas de grave crise de la demande, les Banques centrales et les États tenteront alors probablement d'alimenter l'économie réelle encore plus massivement, mais ne feront qu'aggraver le problème. Dans tous les cas, les politiques monétaires et budgétaires hyper-expansionnistes ne font qu'amplifier le réel problème de notre modèle économique, ce cercle vicieux de Ponzi, où la volonté d'inflation alimente la déflation. Pour revenir sur l'exemple de la Grande Dépression, ce n'est que quand les taux sont remontés que l'économie est repartie violemment, quand la demande a repris le dessus et que le contexte de fond est devenu inflationniste. Cependant, pour les décennies à venir, la démographie ne soutiendra pas la même demande qu'entre 1940 et 1980, ce qui laisse présager un déséquilibre du processus plus marqué.

Deuxièmement, ces politiques participent directement à l'effondrement du libre marché. Beaucoup ne sont pas conscients de ce que cela signifie, et pourtant, c'est un enjeu fondamental de notre modèle économique ! Décennie après décennie, les politiques monétaires et fiscales deviennent de plus en plus massives, car personne ne supporte plus le risque. Le marché obligataire est un exemple prédominant de la destruction du libre marché. La BCE, comme le montre le graphique de Natixis ci-dessous, a largement multiplié sa participation sur obligations :

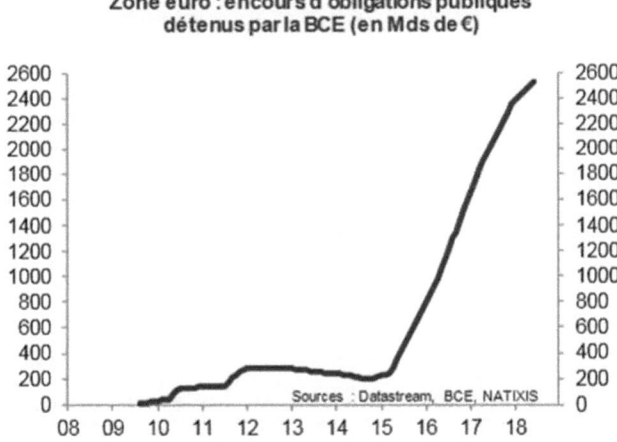

L'économie délègue son pouvoir de marché à quelques institutions, ce qui augmente leur pouvoir et leurs responsabilités. La logique de marché veut que chaque agent vende ou achète dans son intérêt, ce qui n'est plus le cas quand la logique de marché périclite. Le risque est évidemment celui de voir une économie contrôlée et administrée, comme ce fut graduellement le cas entre le début de la Grande Dépression et la fin de la Seconde Guerre mondiale (New Deal aux États-Unis, politique économique de

Hjalmar Schacht sous le troisième Reich, relance des sociaux-démocrates en Suède ou des travaillistes en Nouvelle-Zélande, etc.). En Allemagne, d'ailleurs, l'introduction massive de bons du Trésor à la fin des années 1930 va déprécier le Reichsmark. Nous sommes juste en train de refaire l'expérience amplifiée de la fin d'une économie de libre marché. Et nous savons tous comment cela se termine dans l'Histoire. Quand le libre marché tombe, le marché en lui-même tombe. Récemment, d'ailleurs, les politiques budgétaires sont même allées jusqu'à une proposition de prise en charge de 30 % des salaires par l'État.

Dans ces conditions économiques, même en croissance, où le marché tend à se concentrer entre les mains de quelques agents, à augmenter le risque pris par les autres agents pour obtenir des rendements équivalents, l'or et l'argent en ressortent toujours gagnants. Aucune économie ne prospère sans libre marché, car le mieux qu'une telle économie puisse faire, c'est stabiliser la situation à court et surtout long terme, prenant le risque (pour ne pas dire la certitude) de pénaliser l'économie à long terme. Comme Friedrich Hayek le défendra pour critiquer ces politiques interventionnistes, la situation qui en découle à terme est une situation inflationniste, de stagnation économique et de chômage. Là encore, c'est un rééquilibrage économique en faveur de l'or et de l'argent. La bulle publique dans laquelle nous sommes a été permise par l'absence d'étalon-or. Elle a permis l'instauration d'un système hyper-étatisé, où plus de la moitié de la valeur ajoutée est attribuée à l'État. L'inefficience inévitable qui devait en découler se manifeste décennie après décennie. Les systèmes sociaux implosent sur eux-mêmes, et après la destruction du libre marché qui opère, la démocratie s'en trouve largement menacée. Autrement dit, pour simplifier, l'abandon de l'or aura sacrifié le libre marché, puis la démocratie elle-même. Hayek, dans *Toward Free Money Market* en 1977, a parfaitement résumé ce procédé de très long terme :

« *Maintenant que cette discipline [l'étalon-or] a été brisée, je ne vois aucun espoir de la restaurer. Pour cette raison, à moins de changements radicaux, la perspective qui est devant nous est celle d'une inflation indéfiniment accélérée, aggravée par le contrôle des prix, suivi d'un effondrement rapide du marché, des institutions démocratiques, et finalement de la civilisation telle que nous la connaissons.* »

Sur ce dernier point de l'effondrement du libre marché, c'est une tendance qui est déjà ancrée dans l'économie, en particulier depuis la fin des Trente Glorieuses. Cette tendance s'est traduite par le retour massif de l'État-providence grâce au contexte monétaire, idéologique et social d'alors. Ce que nous appelons politiquement le « socialisme » s'est ancré dans le modèle économique, spécifiquement en Europe. Dans mon dernier livre de prospective, j'ai insisté sur le fait que les années 2020 pouvaient se définir comme « l'effondrement du socialisme », au sens du changement.

Jusqu'ici, l'État pesait autant que les entreprises en termes de revenus pour les ménages. Maintenant que l'État est menacé d'instabilité et que les politiques massives s'amplifient, nous devrions assister probablement à une radicalisation de l'État (mesures punitives sur le capital, sur la liberté d'action, de choix...). C'est une réaction économique classique dans ce contexte. Cette radicalisation peut être portée par l'avènement des dogmes écologistes en Europe ou socialistes aux États-Unis. En clair, l'effondrement du libre marché graduel et chronique menace une fois de plus le capitalisme, qui, nous devons le reconnaître, est le fondement de notre civilisation en permettant un progrès du niveau de vie jamais atteint.

D'un point de vue monétaire, cette radicalisation se confirme progressivement, avec en outre la nécessité d'avoir des politiques massives qui apparaît via la théorie moderne monétaire (Modern Monetary Theory ou MMT). La théorie moderne monétaire défend un financement des déficits publics par la création monétaire. C'est déjà en partie le cas aujourd'hui quand on voit que les Banques centrales rachètent des milliers de milliards de dettes pour porter un soutien en théorie « provisoire ». Dans les faits, ces politiques sont presque définitives, car rares seront maintenant les périodes où les États pourront se permettre un besoin de financement exclusivement soutenable par le marché. Nous allons doucement vers la théorie moderne monétaire qui offre un déficit illimité au secteur public. Ainsi, au QE (Quantitative Easing) s'ajoute une tentation de plus en plus forte d'Helicopter Money.

Aux États-Unis, cette théorie est défendue par le Parti démocrate pour arrêter de faire du déficit via l'émission d'obligations. Car, en effet, l'émission d'obligations s'épuise aujourd'hui. La quasi-totalité des épargnants ont une très grande partie de leur épargne en obligations et les capacités de financement des déficits publics chroniques arrivent à bout. Émissions d'obligations d'autant plus limitées dans des pays au faible taux d'épargne comme les États-Unis. La logique de la MMT est tout simplement de s'affranchir complètement du libre marché sur justifications actuellement écologiques.

En bref, « décapitalisation » et radicalisation risquent d'être à terme les mots d'ordre des politiques monétaires et budgétaires à outrance. Un peu comme dans les années 1930 où la nationalisation de certaines économies était la seule issue. Nous entrons dans une économie administrée et, de surcroît, une économie radicalisée à l'action de la collectivité sur l'individu. Cette utopie de court terme est justifiée quand on peut éviter ce qui peut être retardé. Mais, pas d'illusion, agir monétairement et budgétairement est toujours le signe d'une économie malade qui pourrait se dégoûter d'elle-même. Évidemment, l'optimisme n'a pas sa place dans l'anticipation d'un contexte qui s'est instauré par la ponction de l'avenir. La seule définition de l'optimisme dans un blocage économique est l'utopie.

Ce qu'il faut retenir, c'est que ces politiques monétaires et fiscales sont loin d'être un miracle inépuisable, bien au contraire. Les États et les Banques centrales seront toujours là, la nuance est que leur efficacité ne sera pas toujours là. Nous pourrions même dire que leur présence est inversement proportionnelle à leur efficacité (marginale). Autrement dit, l'ampleur des politiques monétaires et budgétaires est la preuve de leur inefficience. Il n'y a rien de réjouissant dans ces politiques à terme, même pour ceux qui profitent de la hausse des actifs.

Ce système de baisse chronique et graduelle des taux se terminera soit par une explosion des bulles financières formées, soit par des oppositions politiques et sociales découlant du non-soutien de la demande, soit par une hausse des taux inévitable en cas de retour de l'inflation, si ce n'est les trois possibilités ensemble.

WWs = QEs
World Wars = Quantitative Easings

Pour simplifier historiquement, l'équilibre économique actuel fait face à une utilisation exponentielle de la masse monétaire. Nous sommes confrontés à la même situation que durant la Première et la Seconde Guerre (WWI et WWII). Dans la mesure où chaque crise financière est équivalente à une

Guerre mondiale, et sous les conditions que l'armement actuel dissuade suffisamment et que la création monétaire permet d'éviter une pression déflationniste trop forte, alors les Guerres mondiales du XXe siècle sont bien nos crises économiques du XXIe siècle (monétairement parlant). On rappellera en effet que si l'étalon-or était encore en vigueur, le risque de guerre aurait été sensiblement plus haut dans l'immédiat (pression déflationniste qui met sous tension les agents).

La manière dont cet équilibre économique s'est terminé à l'époque est par une Guerre finale suivie d'un Reset final. En réalité, ce Reset s'est fait sur plusieurs décennies et s'est enraciné avant même la Seconde Guerre mondiale. Aujourd'hui, il faut s'attendre à un rééquilibrage économique de source politique et sociale. Le modèle actuel provoque des tensions politiques et sociales extrêmement importantes. Les causes qui alimentent ces tensions sont diverses : austérité salariale, hausse des actifs financiers, mise sous tension de l'épargne, contexte anxiogène sur le risque, incapacité des systèmes sociaux à maintenir leurs promesses pour les raisons que l'on sait, etc. Dans les prochaines années, de nouveaux facteurs feront leur apparition (probablement autour de l'investissement, de la consommation, et même de l'épargne…). Tant que les Banques centrales créeront des devises, et tant que les États en abuseront pour tenter coûte que coûte de maintenir leur système social, alors il faut légitimement anticiper d'importantes tensions politiques et sociales. Ce peut être un facteur majeur à prendre en compte qui, par sa violence, peut provoquer un lourd retournement de l'équilibre mené jusqu'ici.

On pense alors dans l'immédiat aux extrêmes politiques classiques. Mais n'oublions jamais que ce genre de tensions politiques et sociales est soutenu par une large majorité de citoyens, voire par le système politique en place. On comprend donc mieux quel sera le rôle des partis écologistes dans l'avenir économique.

Ainsi, il y a de fortes chances qu'à long et très long terme, la fin de l'Histoire économique soit politique.

L'OR ET LE NOUVEL ÉQUILIBRE ÉCONOMIQUE

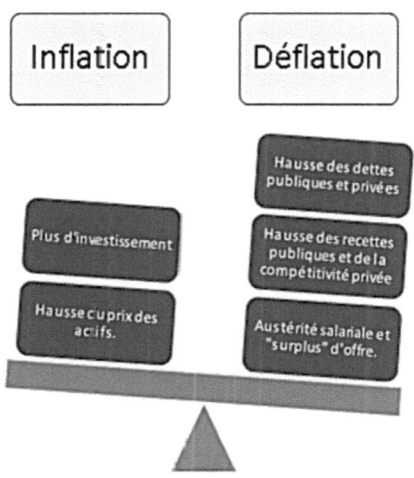

Vous l'aurez compris, sur les prochaines décennies, l'inflation est presque inévitable. L'économie est comme une balance qui s'autocorrige sur une infinité d'échelles de temps, cherchant en permanence à trouver la stabilité afin de contrer l'instabilité qui découle de ce mouvement. Quand le poids déflationniste est trop fort, l'économie crée de l'inflation, et inversement. De manière extrêmement simplifiée, nous pourrions justifier une probable inflation en disant que l'économie devra corriger les dettes astronomiques qu'elle a accumulées. Nous faisons face au même problème que durant les années 1930/1940, à la différence que la situation économique est un peu plus grave aujourd'hui (endettement supérieur des États, etc.).

Cette probable inflation à venir ne sera en aucune manière une bonne inflation, car, contrairement à la situation d'après-guerre, il n'y aura pas de boom démographique, et donc pas de boom économique. En clair, nous allons vers la même situation qu'entre 1940 et 1980, à la différence qu'il n'y aura pas un boom de demande. Cette prospective, avec un peu de réflexion, est extrêmement inquiétante. En effet, si la demande redevient prédominante dans le processus de croissance économique et que celle-ci n'augmente pas, alors nous devrions assister à un contexte démographique, politique, économique, social et civil semblable à l'apogée des grandes puissances (Grèce antique aux Ve et IVe siècles av. J.-C., Rome au IIIe siècle, etc.). Donc, sur une tendance de très long terme, l'inflation à venir ne pourra qu'être une mauvaise inflation, qui ne bénéficiera ni à la demande ni à l'offre dans l'immédiat.

Enfin, il serait illusoire d'imaginer l'absence d'un nouvel équilibre (modèle) économique. La situation actuelle, où les politiques monétaires et budgétaires sont graduellement et chroniquement plus expansionnistes, ne peut fondamentalement pas perdurer éternellement. Nous avons vu que l'équilibre économique actuel ne pouvait se terminer que par un choc inflationniste, comme il y en a déjà eu dans ce genre de contexte économique. Ce choc inflationniste sera très probablement porté par un choc d'offre, qui verra des coûts trop élevés pour être exclusivement soutenus par les Banques centrales.

Il y a une réalité économique derrière ces politiques massives : les Banques centrales ne peuvent pas remonter les taux, même en cas d'inflation. Si de l'inflation se manifeste, alors les Banques centrales devront maintenir des taux relativement bas pour ne pas aggraver la situation. Comme les taux devront obligatoirement rester plus bas que l'inflation, alors les taux réels ne peuvent que diminuer et rester négatifs. Admettons que les Banques centrales remontent les taux. Si tel est le cas, cela augmentera significativement le poids des dettes qui ne pourront plus être payées. Dans cette situation, les tensions politiques et sociales risquent de se multiplier et le système peut se retrouver subitement affranchi d'une forte pression déflationniste qui aggravera le processus d'inflation. Donc, là encore, les taux réels sont probablement condamnés à tomber, ce qui fera automatiquement monter l'or.

Dans tous les cas, continuité de la situation actuelle ou changement de modèle, l'or sera gagnant. L'équilibre économique actuel ne pourra pas tenir éternellement, car il exerce des tensions politiques et sociales extrêmes, en plus de voir la stagnation du profit des entreprises qui contrebalance l'équilibre mené jusqu'ici. Autrement dit, la demande ne peut plus suivre cet équilibre.

Ainsi, ce à quoi nous devons nous attendre, comme cité précédemment, c'est, dans un premier temps, une radicalisation générale (politique, économique, sociale) dans un contexte anxiogène pour l'offre (hausse des matières premières, catastrophes...). Ce sera probablement le cœur du point de retournement économique. Ensuite, il est assez probable d'assister à une diminution de la rentabilité du capital, encouragée par la hausse du rendement du capital. En termes politiques, cela traduit très certainement une volonté politique à venir de contrôle des populations. Comme je l'ai longuement défendu dans mon dernier livre, cette étude confirme une mise à mal du capitalisme et de la démocratie sur ce siècle. Il faut s'attendre à ce que des décennies d'aveuglement provoquent de violentes désillusions, et que, de surcroît, le nouvel équilibre à venir mette à mal le libre marché et ne soit ni porté par l'offre en déclin, ni par la demande en stagnation de très long terme.

LES SCÉNARIOS SUR LES PRIX

Au tout début du siècle, on parlait encore en milliards, puis rapidement en milliers de milliards, et maintenant en dizaines de milliers de milliards. Demain, ce sera probablement de centaines de milliers de milliards dont on parlera pour qualifier la situation économique mondiale courante…

Par définition, l'inflation ou la déflation sont une hausse ou une baisse du pouvoir d'achat de la devise (de sa valeur). Comme nous l'avons vu, l'inflation est un facteur haussier sur le prix de l'or, alors que la déflation est un facteur baissier, mais qui, à la différence de la déflation sur la plupart des autres actifs, préserve la valeur. Dans un contexte économique donné, nous pouvons légitimement nous attendre, à un moment donné ou à un autre, à une des variations des prix suivantes :

1- Inflation et stagflation

C'est probablement un des scénarios les plus probables dans le sens où le risque inflationniste peut prendre le dessus sur le risque déflationniste à long terme. L'inflation pourrait avoir plusieurs causes.

Premièrement, une situation de hausse des matières premières. Dans un article du 3 mai 2020, disponible sur *lesprosdeleco.com*, j'ai notamment montré le fait que 2020 serait une année de retournement sur les matières premières équivalente à 1929 ou 1974.

C'est-à-dire une situation d'inflation par les coûts, assimilable à la stagflation (présence d'inflation sans croissance économique). Car, en effet, le secteur primaire est sous tension (sous-investissement, surendettement, catastrophes naturelles, etc.). La différence des matières premières avec les autres marchés est qu'en cas de pénurie, leur prix monte extrêmement rapidement, ce qui implique l'apparition soudaine d'inflations par les coûts. Ce risque semble être particulièrement persistant sur une, voire deux décennies. Une autre source d'inflation peut être une crise monétaire. Si la devise s'effondre subitement, les coûts d'importation augmentent, et dans le cas des matières premières (pétrole, alimentation, etc.), cela pose automatiquement des problèmes de coûts généralisés. Une crise monétaire a généralement un double effet positif sur l'or.

Ensuite, il serait plus exact de parler de situation de reflation. Situation de reflation qui semble être celle des prochaines décennies. Elle serait portée dans l'immédiat par l'affaiblissement de la désinflation du fait : 1/ du ralentissement (voire baisse) de la productivité, 2/ de la hausse des coûts salariaux dans les pays émergents (voire même les pays développés), 3/ de la démographie. À terme, un déclin démographique est profondément déflationniste. Mais dans une situation de vieillissement (prédéclin), la démographie est généralement inflationniste. La prédominance d'une population non productrice et consommatrice pousse à la hausse des prix. Enfin, les volontés écologiques ou souverainistes poussent à une hausse du prix des biens et services pour maintenir un niveau de vie équivalent. Généralement, comme nous l'avons vu, cette reflation s'insère dans cette logique de rééquilibrage économique qui se fera en faveur de la demande (provoquant un réajustement des déterminants économiques en faveur de l'offre pour maintenir ce nouvel équilibre).

Enfin, à très long terme, toujours dans cette logique-là, l'inflation pourrait être provoquée par une hausse des taux, ce à quoi nous avons assisté entre 1940 et 1980, où la hausse des taux était suivie de la hausse des prix et inversement. Ce à quoi nous assistons aujourd'hui, c'est l'accumulation des liquidités créées (chute de la vélocité) à cause de la faiblesse des taux. Si les taux se mettent à remonter, alors nous pourrons assister à un regain pour l'épargne et un désintérêt pour l'investissement. Cette corrélation entre les taux et le prix des actifs est intéressante à mettre en avant, d'autant plus qu'elle détermine généralement les tendances de long terme des indices boursiers. Dans ce cas de figure de hausse des taux, le coût du capital remonterait. Si les taux se mettent à remonter dans une situation de difficultés pour les entreprises du fait de leurs dettes et du contexte que l'on connaît, alors la hausse des coûts poussera les entreprises à augmenter les prix et ainsi de suite… Une baisse de l'investissement (du fait de la hausse des taux en situation de forte éviction, de forte épargne, de fort endettement) impacte la profitabilité de l'offre, ce qui oblige les entreprises à augmenter leurs prix… En cela, une violente hausse des taux signifierait le retour plus ou moins durable de l'inflation. C'est la nature même du cycle de prédominance de l'offre ou de la demande.

Encore une fois, ce n'est pas forcément, car les taux baissent que l'investissement repartira. Si vous empruntez/prêtez à un taux de 10 % et que vous espérez un profit de 12 %, alors vous emprunterez/prêterez, car vous serez gagnant. Mais si les gains espérés sont de 0 % et que le taux est de 1 %, alors vous êtes perdant et serez réticent à emprunter/prêter, surtout si vous n'avez plus confiance ou êtes déjà surendetté, qui sont des paramètres majeurs à prendre en compte. Il faut prendre en compte l'ensemble des paramètres contextuels. L'économie n'est pas aussi simple qu'une règle unique avec une seule cause et une seule conséquence. Il faut prendre en compte le contexte économique qui peut radicalement changer le résultat des politiques monétaires et fiscales. Mais malheureusement, le débat économique s'est transformé en débat politique, et celui-ci s'est bloqué à des aprioris idéologiques. Je crois que c'est important de dépolitiser l'économie et la rendre ainsi la plus contextuelle que possible. Ainsi, le retour de l'inflation impliquerait une très probable hausse de la croissance potentielle à long terme. Ce qui explique le fait que la probabilité d'assister à une hausse des prix augmente au fur et à mesure que les taux réels chutent.

2- Hyperinflation

S'il doit y avoir une inflation extrême, celle-ci sera très certainement précédée d'une forte déflation dans une économie de Ponzi. Le seul moyen de provoquer un choc hyper-inflationniste est de s'affranchir de la pression déflationniste. Ce que beaucoup échouent à saisir dans le concept d'hyperinflation, c'est que c'est une inflation par les coûts :

la hausse des coûts provoque la hausse des prix. Comme nous l'avons vu dans la première partie, une situation d'hyperinflation découle quasi exclusivement d'une chute profonde de confiance envers les gouvernements (contexte d'instabilité politique au préalable).

La hausse des prix oblige les agents à monter les prix... Bref, une inflation autoentretenue. C'est paradoxal ; en situation d'hyperinflation, les quantités demandées ont tendance à baisser, car le pouvoir d'achat est détruit proportionnellement à la chute en valeur de la devise. Les agents dépensent aussi vite ce qu'ils reçoivent pour pallier à la chute de leur pouvoir d'achat. L'inflation ne se fait donc pas par une demande sur les biens et services, mais par une demande de devises (inversement proportionnelle à sa valeur). Autrement dit, plus la devise chute en valeur, plus les agents en réclament davantage pour compenser la perte de pouvoir d'achat, plus la demande sur les prix est forte. Et plus la demande sur les prix est forte, plus les agents perdent confiance envers la devise, plus la situation s'aggrave. C'est alors une demande sur les prix des biens et services qui pousse à cette explosion, pas une demande sur les biens et services eux-mêmes !

La plus forte inflation enregistrée fut en Hongrie entre 1945 et 1946. Les prix en sont arrivés jusqu'à doubler toutes les 15 heures. La devise a tellement perdu de valeur que le pengö (devise hongroise depuis 1927) a été remplacé par le forint en août 1946.

À ce moment-là, un forint valait quatre cents quadrilliards pengö ! ... Évidemment, la demande en biens et services n'est en aucun cas le moteur de cette inflation. C'est la chute de valeur de la devise qui pousse les prix à la hausse et réciproquement. Dans une situation d'inflation extrême, la loi d'offre et de demande se détériore complètement... Les prix sont simplement hors de contrôle. On assiste souvent à la naissance de marché noir, de troc, de devises locales et, *in fine*, d'une nouvelle devise.

Cette situation d'instabilité politique, propice à l'effondrement de la confiance envers la devise, s'explique généralement par une forte dette publique. J'aimerais en effet rappeler quelques causes principales qu'ont identifiées les économistes en matière d'hyperinflation :

– <u>Au niveau public</u> : haut niveau de dettes publiques ; impossibilité d'honorer le service de la dette ; niveau relativement élevé d'imposition des ménages et entreprises ; manque de transparence des comptabilités publiques ; l'impossibilité pour l'État d'emprunter à l'étranger.

– <u>Au niveau privé et international</u> : évolution instable de la masse monétaire ; absence de régulation des changes ; l'indexation systématique entre salaire, taux et hausse des prix ; une chute drastique du niveau d'épargne ; la multiplication des agents producteurs de moyens de paiements.

Nous remplissons une majorité de conditions qui sont elles-mêmes propices à déclencher les quelques-unes restantes. Par nature, l'hyperinflation est un processus de correction économique violent (diminution du poids des dettes, etc.). En clair, c'est une correction soudaine d'une pression déflationniste extrême. Une situation d'hyperinflation apparaît généralement après quelques signes de forte inflation au préalable. Ainsi, le premier risque à considérer est en priorité le risque de forte inflation, suivi du risque d'hyperinflation. Autrement dit, une forte inflation suivie d'une forte déflation, ou alors une forte déflation suivie d'une forte inflation peuvent très rapidement laisser place à l'hyperinflation. Le seul moyen de se protéger contre ce risque, bien réel au fur et à mesure que nous entrons dans un fort risque de correction économique, c'est l'or. Encore mieux, l'or en situation d'hyperinflation permet d'acquérir une richesse phénoménale en un temps record, car tous les pouvoirs d'achat s'effondrent, sauf pour celui qui a de l'or. L'or est une assurance de prospérité que chacun se doit d'avoir pour se prémunir contre les risques des politiques monétaires et fiscales.

On retiendra enfin que sur une perspective de très long terme, et au vu de la démographie, des perspectives de croissance et du contexte économique à venir, le risque d'hyperinflation devient graduel au même titre que sous l'Empire romain à partir du IIIe siècle. L'hyperinflation, si elle se manifeste, ne découlera donc pas de l'augmentation phénoménale de la taille du bilan des banques centrales, mais du changement de modèle qui découlera de l'inefficience de ces injections de liquidités. L'exemple du Japon, où le bilan de la Bank of Japan représente 100 % du PIB japonais en 2019, est assez révélateur de ce paradoxe.

3- *Désinflation*

Désinflation : ce serait le terme exact pour qualifier l'évolution des prix de ces 40 dernières années. La désinflation renvoie à un ralentissement de l'inflation. Comme le montre le graphique ci-dessous, l'inflation sous-jacente (inflation excluant l'évolution du prix des matières premières) a nettement ralenti à partir de 1981. Elle a ensuite lentement diminué sans interruption : la désinflation...

Inflation sous-jacente US : 1957-2020
Source : FRED

En juin 1981, pour stopper une inflation qui culmina à 13,5 % la même année, Paul Volcker, président de la FED, décida d'augmenter les taux directeurs à 20 %, contre 11,2 % environ en 1979. Cette décision, en plus du contexte inflationniste, a fait monter les taux obligataires US à 10 ans à 15,8 % en septembre 1981. La présence de taux supérieurs à l'inflation a également mis fin à l'explosion du prix de l'or, qui a culminé à 850 $ l'once le 21 janvier 1980. Cette manœuvre s'est faite au prix d'une récession lourde en 1982-1983.

Deux ans après cette décision monétaire, en 1983, l'inflation sous-jacente n'était plus que de 3,2 %. Alors que le prix de l'once d'or chute de 12,6 % entre juin 1981 et juin 1983 (passant de 475 $ l'once à 415 $ l'once), l'inflation, entre son plus haut et son plus bas sur la même période, chute de plus de 76 % (passant de 13,5 % en 1981 à 3,2 % en 1983). Autrement dit, l'or s'est déprécié 6 fois moins que la hausse des prix courants sur cette période de désinflation extrême. Même la chute complète de l'or, entre le point haut de janvier 1980 et le point bas de 1982, est de 63 % (passant de 850 $ en janvier 1980, à un point bas à 308 $ en juin 1982). Dans tous les cas, l'or est resté (relativement) gagnant.

Cette manœuvre monétaire, quand les Banques centrales étaient encore prêtes à déclencher une récession au nom de la stabilité de long terme, a joué un rôle pivot, mettant fin à plus de 20 ans d'inflation graduelle. Depuis, la désinflation est bien réelle, car en voulant stopper l'inflation, la FED a provoqué un choc désinflationniste. C'est à partir de là que s'est complètement manifesté l'équilibre économique dans lequel nous sommes aujourd'hui : hausse des dépenses publiques, baisse des taux, austérité salariale, etc. Rapidement, l'économie s'est ancrée sur des fondations déflationnistes, et, quand l'endettement est devenu graduellement insoutenable (récession de 2001, puis de 2008, etc.), l'économie a maintenu artificiellement la synergie de ce processus de désinflation…

La situation de désinflation de long terme prédomine encore aujourd'hui. On peut donc imaginer une continuité de cette désinflation, ce qui nous pousserait dans la déflation à très long terme. À l'opposé, ce qui est plus probable, c'est un arrêt complet de la désinflation de long terme, avec une instabilité des prix plus intense. Cet arrêt de la désinflation s'expliquerait principalement par le fait que les Banques centrales feront tout pour éviter la déflation (en cas de continuité de la désinflation). Et comme nous pouvons le voir sur l'évolution de l'inflation sous-jacente, l'inflation reprend graduellement le dessus, car la synergie des injections massives de liquidités s'enclenche lentement.

Dans l'immédiat, donc, la désinflation reste fortement ancrée, mais elle va se heurter à un changement de tendance majeur certain à très long terme.

4- Déflation

Dans le contexte économique de long terme que nous connaissons, une forte déflation ne pourra venir que d'une récession. Cependant, nous vivons dans un contexte de déflation modérée et chronique (désinflation) : secteur technologique, démographie, dettes, etc.

Sur une échelle civilisationnelle, c'est la déflation qui prédomine dans le déclin de celle-ci. Au même titre que la déflation prédomine dans une récession, celle-ci peut cependant être ponctuée de chocs inflationnistes à cause de la hausse des coûts (trop de dettes, pas assez de matières premières...). Donc, ce que nous pouvons projeter jusqu'à la fin du siècle sans trop nous tromper au vu de la démographie, c'est que le contexte de fond restera désinflationniste, en particulier en Europe à partir de la décennie 2020-2030, et en Amérique du Nord à partir de la décennie 2030-2040. Mais ce contexte de fond n'empêche pas, loin de là, un retour de l'inflation.

Si jamais la déflation venait à se manifester, ce qui est peu probable en considérant que le poids déflationniste des dettes à terme excède le poids déflationniste démographique, alors nous pourrions assister à une série de défauts de paiement. Tant qu'aucun agent n'acceptera de faire défaut ou de prendre des risques, alors l'hypothèse de la déflation massive est assez modérée, car les Banques centrales et les États continueront dans leur logique de soutien.

Une économie surendettée risque en effet la spirale déflationniste. Si la déflation augmente le poids des dettes, alors certains agents devront faire défaut. En faisant défaut, cela aggrave la récession, qui provoque généralement de la déflation supplémentaire et ainsi de suite… C'est pour cette raison que la déflation, dans notre économie surendettée, est extrêmement redoutée par les Banques centrales. Pourtant, sous un certain aspect, annuler massivement les dettes affranchirait l'économie d'une très forte pression déflationniste, ce qui pourrait provoquer une forte inflation, comme ce fut le cas après la Grande Dépression. De même, cet affranchissement déflationniste pourrait être provoqué par la chute de confiance envers les gouvernements, qui pousserait les agents à laisser circuler (sans aucune confiance en la devise) des quantités accumulées depuis des décennies.

La déflation n'est donc pas un scénario impossible dans nos économies surendettées et vieillissantes, où les actifs vont s'accumuler sur un nombre qui deviendra de plus en plus restreint de personnes. Bien que cette évolution des prix ne soit pas la principale à privilégier, sa manifestation (en cas de continuité de la désinflation) serait également source de lourdes conséquences économiques. Enfin, une disparition soudaine (en cas possible de défaut, de crise monétaire, de création monétaire massive, d'éclatement de bulles financières...) de la pression déflationniste qui s'impose depuis plusieurs décennies est également à surveiller.

GUERRE DES DETTES ET DES DEVISES

Avec le développement inédit du marché obligataire, celui-ci s'est progressivement converti en réserve monétaire. Les dettes servent au niveau géopolitique à « stériliser » certains flux de devises. Prenons l'exemple assez parlant de la Chine et des États-Unis. Depuis que l'étalon-or a définitivement été abandonné, le déficit commercial des États-Unis s'est lourdement accru. Avec l'ouverture de la Chine quelques années plus tard, les États-Unis se sont mis à acheter des produits chinois. Quand un acheteur américain paye en dollar, le vendeur doit convertir ses dollars en yuans. La Banque populaire de Chine (BPC) se retrouve alors avec des dollars supplémentaires si les États-Unis sont en déficit commercial. En théorie, la BPC devrait vendre ces dollars sur le marché du Forex.

Mais en vendant des dollars contre des yuans, la BPC risque de faire monter le yuan et faire baisser le dollar. Maintenir un yuan bas est impératif pour la BPC afin de maintenir la compétitivité de la Chine. Au lieu de vendre des dollars, la BPC va acheter des obligations US, maintenant ainsi un yuan bas et, en théorie, des dollars en portefeuille.

Début 2020, la Chine est le deuxième plus gros pays étranger détenteur de dettes US avec près de 1 080 Mds $ d'obligations, contre 1 270 Mds $ pour le Japon. La Chine détient ainsi 4,2 % de toutes les dettes fédérales début 2020 d'après le département du Trésor américain. L'objectif est donc d'instaurer un peg entre les devises. Ces politiques de stérilisation ont également été pratiquées sous l'étalon-or. Les États-Unis, en surplus (flux d'or interne), ont fait en sorte que l'or arrivant dans l'économie américaine ne participe pas à l'expansion de la masse monétaire. Cette politique a été pratiquée dans les années 1920, en augmentant par exemple les quantités d'or nécessaires pour la circulation d'un même dollar. Cette politique a été encore pratiquée dans les années 1930 avec bien moins de succès et a contribué à l'effondrement du système monétaire, car le mécanisme de Hume n'était plus effectif. Ces politiques étaient profondément déflationnistes à l'époque, ce qui n'est pas le cas de la « stérilisation » de nos jours, car elle augmente artificiellement la demande en Chine (hausse de la compétitivité) et aux États-Unis (hausse des dépenses publiques) dans notre exemple.

Si demain, les taux venaient à remonter et/ou le dollar à chuter, les conséquences monétaires et géopolitiques seraient désastreuses. En effet, au-delà des dettes détenues dans notre exemple par la Chine, il y a celles que la Chine a émises en dollars. En 2018, d'après l'économiste Kevin Lai, la Chine ne possède pas moins de 3 000 Mds $ de dettes émises en dollars, soit près de 10 % environ de l'ensemble des dettes du pays. Les dettes en dollars hors des États-Unis atteignent 12 000 Mds $ en 2018. Si demain, le dollar venait à chuter, ou le yuan à remonter trop fortement, alors le contexte serait propice au déclenchement d'une crise financière interne aux États-Unis. À l'inverse, une trop forte hausse du dollar ou une trop forte baisse du yuan dans notre exemple pourrait provoquer une crise financière externe/mondiale. Pour aller plus loin sur la question des dettes extérieures, je conseille mon article disponible sur www.rochegrup.com :

Il y a bien une guerre sur les devises ! Depuis quelques années, la Chine tente de réduire sa dépendance au dollar et affirme progressivement son indépendance financière. Alors que la Chine sera amenée à devenir probablement la première puissance économique d'ici quelques décennies (ce qui est déjà le cas en parité du pouvoir d'achat), le dollar est menacé par la structure interne et externe de l'économie américaine. Pour l'instant, la Chine n'a pas directement intérêt à porter atteinte au dollar, mais ce pourrait être le cas si une guerre commerciale forte se manifestait. Dans ce cas, la Chine pourrait à elle seule faire tomber en partie le dollar.

Le dollar possède encore une forte qualité refuge et représente 61 % des réserves de changes mondiales en 2020, d'après le FMI. Une des principales menaces pour le dollar, c'est la volonté de le rendre bon marché pour faire revenir l'inflation. Depuis la crise des surprimes, la FED cherche à trouver un dollar graduellement plus bas en créant toujours plus de dollars. Nous l'avons vu avec la différence d'ampleur des politiques monétaires et budgétaires entre les États-Unis et les autres pays. En cela, la FED fait monter l'encours des obligations dans l'immédiat et dévalorise le dollar à terme. Pour l'instant, ces politiques n'impactent pas directement sa qualité refuge, car c'est une guerre de dévaluations mondiale. L'euro, qui représente 21 % des réserves de changes, pratique également cette politique d'une devise toujours meilleur marché. Nous sommes dans une sorte de « dévaluations compétitives » qui finiront par faire tomber une devise à la fin de l'Histoire. Et il y a de fortes chances que les dettes (surtout publiques) soient au cœur de cette menace. Le risque, nous l'avons vu, c'est que ces « dévaluations compétitives », résultat d'un équilibre économique déflationniste, s'arrêtent brusquement.

Si les taux se mettent à remonter, si l'inflation repart (car les taux remontent ou inversement), si une guerre commerciale violente venait à se produire, alors la qualité refuge du dollar serait gravement menacée. La qualité refuge du dollar est également menacée par les poussées socialistes, voire écologistes aux États-Unis, mais aussi par la réduction des flux sortant de capitaux des émergents vers les États-Unis.

Ainsi, on voit mal la qualité refuge du dollar se maintenir ces prochaines décennies, car 1/ cela dépend fortement de la solvabilité des États, 2/ de la capacité à dévaluer le dollar pour les Banques centrales, et 3/ de la capacité de certains territoires à se substituer au dollar. Le dollar est une longue Histoire et servait à ses débuts d'une réserve de valeur absolue avec son équivalent or (voire sa faible fiscalité), ce qui n'est plus le cas aujourd'hui. Le dollar suit le même chemin que le pound il y a un siècle. L'hégémonie du dollar est menacée par la perte de puissance des États-Unis, les « dévaluations compétitives » découlant des politiques monétaires ultra-expansionnistes, et le rééquilibrage économique de long terme qui pointe. Si les devises sont mises à mal, l'or ne pourra qu'accroître sa qualité refuge à l'international.

Par ailleurs, on ne pourra pas parler de réserve internationale sans parler du SDR. Le SDR tente de maintenir une cohérence monétaire internationale. Le SDR, ou Special Drawing Rights, est une « monnaie » de réserve créée par le FMI en 1969 afin de rajouter une valeur de réserve supplémentaire au système alors en vigueur de Bretton Woods. À l'époque, le SDR avait une valeur définie de 0,888 gramme d'or (soit 1 $ de l'époque). Mais après l'effondrement de Bretton Woods, la valeur du SRD a été redéfinie sur un panier de devises. Ce panier est revu tous les 5 ans (en 2015, par exemple, le dollar pèse plus de 40 %, suivi de l'euro qui pèse 30 %, etc.). Les SDR sont alloués aux pays membres du FMI. Chaque pays a un quota, ce qui détermine la proportion de SDR qui est alloué au pays en question en cas de renflouement. En 2009, par exemple, le FMI a alloué 182 milliards de SDR (soit environ 255 milliards de dollars d'alors). Ces 182 milliards de SDR ont été répartis selon le quota de chaque pays. Bien que le SDR représente 4 % de l'ensemble des réserves de changes en janvier 2011, il n'en reste pas moins une arme au cœur de cette guerre des devises. La Chine a été ajoutée au panier de devises en 2015, mais sa place reste limitée au vu de son poids dans l'économie mondiale. Par ailleurs, la valorisation du SDR en or est assez claire et montre clairement que le panier de devises établi s'est effondré en valeur or.

LA RÉALITÉ MONDIALE PORTERA L'OR

Comprendre les flux de capitaux et leur importance permet de comprendre quels territoires sont en déclin et lesquels sont en émergence. Nous l'avons vu, les flux de capitaux sont importants dans l'évolution de la valeur de la devise et donc, *in fine*, de l'or. Dans mon dernier livre de prospective, j'ai notamment mis en avant le fait que les flux de capitaux à venir impacteront l'Occident. L'Europe risque d'être la première sur la liste entre 2020-2030, suivie des États-Unis par la suite. L'Occident fait face à un problème de démographie, de surendettement et de manque de compétitivité (de croissance). À très long terme, donc, l'Occident souffre d'un déclin chronique et graduel qui, jusqu'ici, a été étouffé par l'effet de développement des émergents.

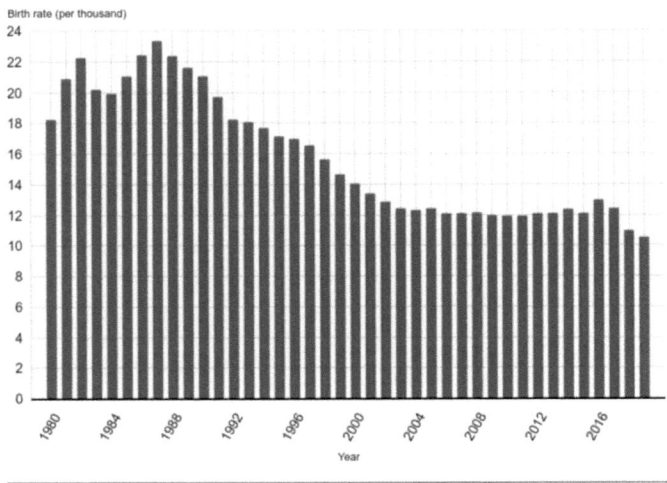

L'or et l'argent au cœur de la prospective économique

La démographie est un facteur majeur qui détermine les variations de l'économie à très long terme, car la démographie, c'est de la demande et de l'offre future. C'est pour cette raison que les courbes de la démographie et du PIB sont intimement liées. Comme le montre le graphique ci-dessus, le taux de natalité en Chine pour 1 000 habitants a atteint un pic en 1987. On en déduit, d'après les études de Harry Dent que je recommande, qu'un pic d'activité économique devrait être atteint en Chine entre 2032 et 2042, et en particulier autour de 2034. Années autour de 2034 qui semblent être à forte volatilité. La Chine, comme on le sait, est extrêmement gourmande en métaux. Tant que la Chine achètera de l'or, l'or devrait monter, car je rappelle en effet que la Chine représente près de 18 % de la population mondiale, soit 1,4 milliard de Chinois ! On retiendra en effet que la Chine, en plus d'être le premier producteur d'or au monde, est aussi le premier acheteur d'or d'investissement.

La culture de l'or en Chine est fortement enracinée. Les familles offrent généralement des bijoux en or, à la fois comme placement et comme objet de mode. Le bouddhisme est une des explications dans cette foi pour l'or. Chaque baisse des cours de l'or est souvent vue comme une opportunité par les Chinois. De même, en Inde, l'or est un véritable pilier de la culture : mariages, guérisons, symbole de prospérité et de richesse, il fait aussi office de placement et reste un symbole religieux majeur.

L'Inde est très gourmande en métaux (notamment en or). D'après le WGC, 28 % de la demande mondiale d'or de bijouterie en 2015 est indienne (15 % de la demande mondiale en pièces et lingots). Avec une population équivalente à la Chine, l'Inde devrait toucher un pic d'activité économique plus étalé dans le temps, entre 2027 et surtout autour de 2060. C'est autour de 2035 pour l'Afrique, suivi de 2065. On peut donc constater une synergie de la démographie entre les principaux territoires porteurs d'activité économique sur ce siècle. Un premier pic économique majeur, porté par l'Occident principalement, devrait être atteint autour des années 2033. Celui-ci sera suivi d'un deuxième pic porté par les émergents autour des années 2060. Une étude menée par l'université de Washington et publiée dans *The Lancet* tend à montrer que la population mondiale pourrait atteindre un pic autour de 2064 pour ensuite décliner de manière assez importante dans la quasi-totalité des pays du monde. Enfin, l'Afrique pourrait être la suivante à connaître un pic, bien que d'ici là, les projections soient plus difficiles. À noter que cette étude est confirmée et en parfaite corrélation avec le modèle de confiance économique (Economic Confidence Model). Ce retournement démographique qui nous attend sera le premier d'une telle envergure. Le pic démographique à venir aura des effets économiques néfastes démultipliés en rapport aux derniers bouleversements démographiques semblables des derniers millénaires.

La démographie est d'une importance capitale pour les variations relatives de l'économie à long terme quand bien même l'économie détermine la démographie à long terme. Ces variations économiques traduisent des flux de capitaux. Flux de capitaux qui sont assez intenses pour provoquer un boom économique ou un ralentissement économique sur certains continents. La concentration du capital sur un territoire attire le capital. Cela perdure jusqu'à ce que des facteurs humains externes bloquent les rendements et la productivité, ce qui est le cas en Occident. Le cycle des capitaux fait ensuite le chemin inverse : les capitaux se déconcentrent. C'est un cycle extrêmement long, qui s'étale généralement sur plusieurs siècles et accompagne les cycles civilisationnels eux-mêmes (voir mon développement à ce sujet dans mon dernier livre de prospective). Nous sommes à un point tournant de l'Histoire, car les flux de capitaux vers la Chine, l'Inde, le Brésil (ou encore après, l'Afrique) risquent d'être de plus en plus vrais alors que la condition du capital (risque, rentabilité, rendements, etc.) pourrait être gravement menacée à l'échelle mondiale. On se souvient tous du boom et du chaos qu'ont provoqués d'intenses flux de capitaux en 1997 en Asie ou en 1989 au Japon. C'est le même principe à très long terme. Là encore, le dollar et l'euro semblent être les perdants, contrairement au yuan ou même à la roupie indienne.

Dans l'Histoire, l'or suit les flux de capitaux, même dans un système flottant ! C'est l'allégorie du pouvoir d'achat dans toute sa splendeur. La concentration des flux de capitaux dans le temps et dans l'espace est donc un paramètre clé. C'est ce qui définit sa rareté relative et les paramètres de la devise que nous voyons dans cet ouvrage. James Steel, analyste en chef des matières premières chez HSBC, a parfaitement résumé les dernières décennies sur le sujet :

« *L'or va là où se trouve l'argent, il est arrivé aux États-Unis entre la Première et la Seconde Guerre mondiale et il a été transféré en Europe dans l'après-guerre. Il est ensuite allé au Japon et au Moyen-Orient dans les années 1970 et 1980, et actuellement, il va en Chine et aussi en Inde.* »

En conséquence, l'or devrait ainsi être porté par (1) la demande des émergents du fait de l'inflation qui découle de la hausse de l'activité économique et (2) les incertitudes et la dégradation de la conjoncture économique en Occident. C'est donc **un double facteur haussier non négligeable sur l'or pour les prochaines décennies.** Sur une perspective extrêmement lointaine, on devrait assister, avec une hausse de la productivité par tête qui ralentie, à un pic d'activité sur ce siècle. L'équivalent assez troublant de la fin du IIIe siècle, où la conjecture ne pouvait que se retourner simultanément en Europe et en Chine. D'où le risque d'instabilité des prix et du risque systémique qui en découle à très long terme.

Si à la stagnation économique graduelle (démographie, dettes, taux bas…) nous ajoutons la mise sous tension synergique, interne et externe des agents, alors il faut s'attendre à une Humanité moins propice à connaître la prospérité. La croissance potentielle à très long terme diminue au fur et à mesure des crises (chute de l'investissement, hausse du chômage, hausse des zombies, de l'endettement, etc.), du vieillissement de la population et de la multiplication des évènements externes (pandémies, éruptions, etc.). Autrement dit, nous assistons à une stagnation inquiétante et quasi certaine de la croissance potentielle à très long terme.

POURQUOI LES BANQUES CENTRALES ONT DE L'OR ?

C'est une question qui mérite d'être posée. D'autant plus que les Banques centrales sont des acteurs majeurs du marché… En 2019, la demande or des Banques centrales représente 650 tonnes, légèrement en dessous de la demande 2018 (656 t). Cette demande des Banques centrales, qui représente presque 15 % de la demande totale annuelle, est un record depuis 50 ans ! Mais alors pourquoi des banques centrales, qui ne sont pourtant plus responsables d'un système étalonné, achètent de l'or ?!

La principale explication avancée est que l'achat d'or permettrait aux Banques centrales de diversifier leurs réserves de change. Et ainsi, pour beaucoup, réduire leur dépendance au dollar et aux devises au sens large. Se pose un constat ironique et terrifiant : les Banques centrales auraient-elles peur de leurs propres politiques ? ... Il semblerait bien que oui !

Une deuxième explication, bien moins officieuse, peut être avancée. Pour comprendre pourquoi les banques centrales seraient dans l'obligation d'acheter de l'or, je conseille l'étude de James Rickards. Il met en avant le fait que les Banques centrales, dans une analyse comptable de marché pure, ont un assez fort *leverage* (levier). Si nous appliquons la même logique, la FED possède 7 097 milliards de dollars d'actifs fin mai 2020, contre 7 058 de passifs. Soit une détention de capitaux (actifs moins passifs) de 38,914 milliards de dollars. Cela équivaut, dans une analyse comptable de marché, à un levier autour des 180 pour 1.

De toute évidence, il suffit donc d'un mouvement de marché infime pour rendre la FED, en théorie, comptable pure, soit « insolvable ». Dans son livre *The New Case for Gold,* James Rickards a ainsi insisté sur le fait que de juin à décembre 2013, avec la hausse des taux obligataires, la FED était théoriquement insolvable. Les actifs de la FED reposent largement sur des obligations d'État. Les programmes de Quantitative Easing, qui augmentent l'actif de la Banque, se font généralement en période de crise, souvent avant que les taux obligataires ne remontent. Cela suggère donc qu'une baisse de la valeur des obligations (hausse des taux) fait diminuer l'actif de la Banque centrale. Cela peut théoriquement la rendre « insolvable ».

Mais aux capitaux de la FED, il faut ajouter les plus de 8 100 tonnes d'or qui, d'après le *Gold Reserve Act* de 1934, sont rendus à la FED via des certificats. À un prix actuel de 1 750 $ l'once, cela représente dans les 457 milliards de dollars. Ajoutés aux capitaux, cela nous mène à un levier plus raisonnable de 14 pour 1.

Bien que la Banque centrale soit la seule institution en mesure de créer des devises, et ne pouvant donc faire faillite, l'or servirait bien d'assurance contre la hausse des taux obligataires et le risque d'instabilité monétaire, qui se traduirait dans le bilan des Banques centrales.

Là encore, l'or est une assurance à laquelle les Banques centrales sembleraient obligées de souscrire contre le risque d'instabilité monétaire qui se traduirait dans leur bilan. La multiplication des QE serait ainsi une source de demande centrale évidente sur l'or.

LA TRAPPE DE LA VÉLOCITÉ...

Comme nous l'avons traité dans cette partie, les politiques monétaires et budgétaires sont condamnées à devenir graduellement (pour ne pas dire exponentiellement) expansionnistes. Comme le montre le graphique ci-dessous pour les États-Unis, en conformité à la relation de Fisher (voir annexe), la situation monétaire devient contrastée. Le graphique reprend ici la vélocité (c'est-à-dire le nombre de fois où chaque unité monétaire est utilisée en une année) et la quantité de devises en circulation (M2 : c'est-à-dire la base monétaire M1 ajoutée aux dépôts à préavis inférieurs à 3 mois et les dépôts à terme inférieurs ou égaux à deux ans). En multipliant les devises en circulation (M2) par le nombre de fois où elles sont utilisées (Vélocité : M2V ici), vous obtenez le PIB.

Autrement dit, si vous allez boire un verre au bar du coin pour 10 €, et que le barman utilise ces 10 € pour s'acheter de nouveaux verres, alors les 10 € auront été utilisés 2 fois. La vélocité est donc de 2 et les devises en circulation représentent 10 €. Dans ce cas, le PIB est de : 2 x 10 € = 20 €. Si la vélocité chute, cela signifie que les agents utilisent moins les devises qu'ils ont et que, par conséquent, ils échangent globalement (hors considération des prix) moins de biens et de services. Une faible vélocité (relative) est souvent synonyme d'une économie plus faible. Quand la masse monétaire était fixée aux métaux, l'économie était presque exclusivement régie par la vélocité. C'est-à-dire que les contractions ou les expansions du PIB se faisaient presque uniquement par les variations de la vélocité (la masse monétaire était quasi constante).

Rapidement, les politiques monétaires sont apparues (pour contrebalancer la chute de la vélocité) et ont visé à maintenir un certain PIB en augmentant les quantités échangées : la création monétaire. C'est ce que nous montre, avec un clair point de retournement en 1971, le graphique ci-dessous :

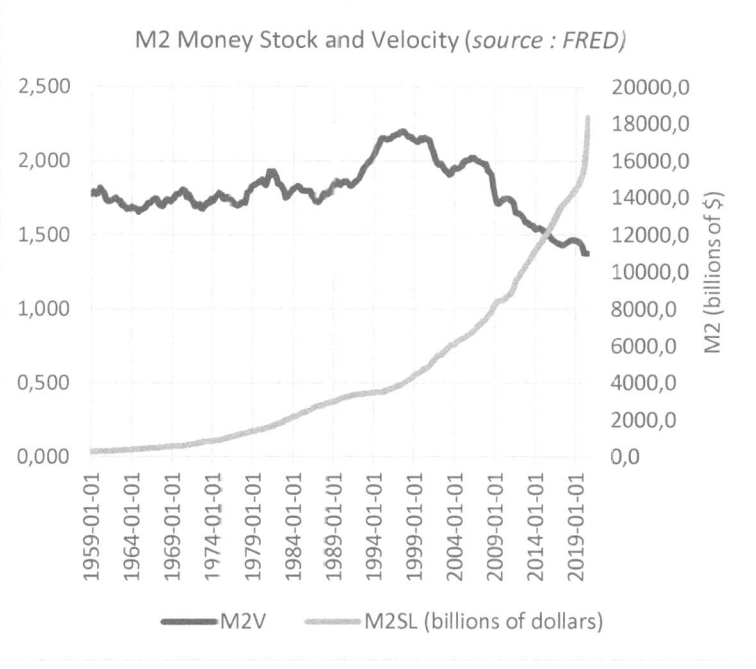

La vélocité, mesurée sur l'axe de gauche, a touché un pic à presque 2,2 à la fin des années 1990. Autrement dit, c'est là que l'activité économique pouvait se définir comme à son maximum, en plus du double effet de croissance porté par la création monétaire. Depuis 1997, la vélocité continue sa chute abyssale est n'est plus qu'à 1,374 début 2020, soit une chute de près de 37,5 %. Dans le même temps, la masse monétaire est passée de 685,5 Mds $ en août 1971 à plus de 18 000 Mds $ début 2020, soit une masse monétaire (M2) multipliée par plus de 26 ! La courbe de la masse monétaire est quasiment exponentielle. En clair, depuis 1997, la croissance aux États-Unis s'est faite par la création monétaire et non par la vélocité (tendance que l'on retrouve généralement). Mais alors, quel est le risque à terme ?

Keynes a mené une critique intéressante sur la vélocité dans sa théorie pour la préférence de liquidités. Pour lui, une baisse des taux d'intérêt provoque un attrait plus important pour les liquidités (des taux faibles incitent à garder ses économies), ce qui fait diminuer la vélocité. À l'inverse, une hausse du taux d'intérêt permettrait de faire augmenter la vélocité. James Tobin a également repris cette critique en ajoutant la notion de risque encouru par rapport aux rendements (taux). Cette approche de la vélocité nous permet de mieux comprendre ce qui se déroule et va probablement se dérouler.

Les Banques centrales se sont mises à créer des quantités importantes de devises. Cette création monétaire a participé à augmenter les liquidités, mais, dans le même temps, comme ces liquidités étaient de moins en moins rémunérées (baisse massive des taux), les agents ont préféré garder ces milliards de dollars. En ne faisant pas circuler les devises créées, la vélocité s'est effondrée. À cela, il faut ajouter la notion de risque. En rachetant massivement des obligations, les Banques centrales ont fait monter le prix de nombreux actifs. Sur des produits comme les obligations, cela ne fait que perdurer un surendettement étatique et pousse les agents, pour le même rendement, à prendre deux fois plus de risques. Faible rémunération et prise de risque supplémentaire ont donc fait chuter la vélocité. Et comme la vélocité chute, les Banques centrales doivent créer encore plus de devises pour maintenir la croissance, ce qui aggrave la situation sur le risque et les liquidités, et ainsi de suite... Bref, là encore, le chat qui mord sa queue. C'est ce qui explique cette courbe quasi exponentielle de la masse monétaire.

On peut également mettre en avant le fait que l'abrutissement des politiques sur la consommation n'a été qu'un facteur d'inefficience pour la vélocité. La vélocité ne dépend pas uniquement de la consommation. Il y a des périodes où la vélocité peut se faire principalement par l'épargne (et donc l'investissement) et des périodes où elle peut se faire plus par la consommation. En reniant l'épargne, en augmentant le risque de l'investissement, en créant une consommation secondaire, les politiques monétaires et fiscales ont été source d'inefficience sur la vélocité. Et pourtant, la vélocité est le cœur du problème !

D'un autre point de vue, cela soulève une question intéressante afin d'augmenter la vélocité à long terme, qui confirme notre étude menée jusqu'ici : faut-il augmenter les taux pour avoir de la croissance à terme ? La réponse, comme après la Grande Dépression, est probablement oui.

Jusqu'où cet emballement sur la création monétaire va-t-il aller ? La réponse est sûrement jusqu'à ce que la hausse du risque et la baisse (ou stagnation) des rendements provoquent un blocage grave de la vélocité. Il y a différentes hypothèses de contre coup sur la vélocité. Premièrement, on peut imaginer une continuité des rachats de dettes publiques et de chute des rendements. Si tel est le cas, alors la vélocité va continuer à tomber et fait encourir un risque de fuite en avant devant la monnaie (qui va avoir confiance en une monnaie de moins en moins utilisée ?). Ensuite, on peut imaginer une stagnation des rendements et une hausse du risque encouru (continuité des rachats de dettes). Dans ce cas, la vélocité continuera à chuter. Enfin, ce qui est une hypothèse intéressante à terme, comme nous l'avons vu, avec l'arrivée d'un choc inflationniste, d'une crise des dettes publiques et/ou d'une crise politique et sociale, cela provoquerait une hausse des rendements. Dans ce cas de figure, les agents se mettraient à utiliser des quantités phénoménales de devises, ce qui aggraverait l'inflation, et ainsi de suite… Dans les trois hypothèses possibles, l'or est largement gagnant, car bénéficiera de la chute des rendements et/ou de la hausse du risque et/ou du retour menaçant d'une inflation potentiellement hors de contrôle ! On ne pourra que rappeler la très bonne corrélation entre vélocité et prix de l'or. La vélocité est le cœur de la question monétaire et reste un indicateur à garder en tête à moyen et long terme. Signe de mauvaise santé économique, d'inflation ou de fuite en avant devant la monnaie, les variations de la vélocité restent toujours reliées à l'or, dans un sens ou dans l'autre. Le tout est de distinguer la nature d'évolution de la vélocité dans le temps.

Parallèlement à cela, la courbe de la masse monétaire explique l'inefficacité des politiques monétaires. Comme je l'ai expliqué dans mon livre *2021, Prémices de l'effondrement*, les banques centrales ont fait face à un véritable problème de confiance. Les banques centrales peuvent émettre autant de monnaie qu'elles le souhaitent : si cette monnaie n'est pas utilisée dans le circuit, l'effet est nul. En d'autres termes, la chute de la vélocité a été compensée par la hausse de la masse monétaire, et inversement. Mais les banques centrales ont soutenu les économies avec une monnaie certes moins utilisée, mais plus abondante. Cela a également participé à créer de l'inflation sur les actifs au sens large. Inflation qui ne se retrouvait donc pas dans l'économie réelle. D'où le krach de 2020. Conséquence d'un marché survalorisé du fait de la faible vélocité. La chute spectaculaire de la vélocité s'explique aussi par le cycle démographique : les baby-boomers ont atteint leur pic de dépenses en 2007/2008. À partir de là, l'épargne prédomine et l'utilité de la monnaie chute.

Si la vitesse de circulation de la devise périclite, cela pose des problèmes au niveau des dettes. Une dette n'est qu'une promesse de rendre des devises. Si les devises circulent moins vite, la solvabilité diminue aussi. Pour pallier ce risque, les Banques centrales créent encore plus de devises, ce qui aggrave le surendettement et le problème même de chute de la vélocité. Les Banques centrales sont aujourd'hui dans un très grave cercle vicieux de la vélocité, qui, en plus d'amplifier le risque systémique à chaque crise, amplifie la désinflation et les tensions entre agents.

Cette situation nous renseigne assez clairement sur ce qui risque d'arriver : la prochaine grande expansion économique risque de tourner au cauchemar économique. Si la confiance revient et que la vélocité repart à la hausse, il y a un risque d'obtenir une très forte inflation. Ce que j'appelle l'effet multiplicateur de l'inflation, qui prend tout son sens dans le contexte actuel. Simplement, car une base monétaire colossale qui connaît ne serait-ce qu'une légère hausse de la vélocité, produit une hausse significative du PIB. Et naturellement, cela traduit une inflation immédiate et violente.

Nous sommes ainsi dans un important transfert de richesses vers les refuges au détriment des devises qui se retrouvent systématiquement et chroniquement dévalorisées par ces politiques qui s'autoalimentent :

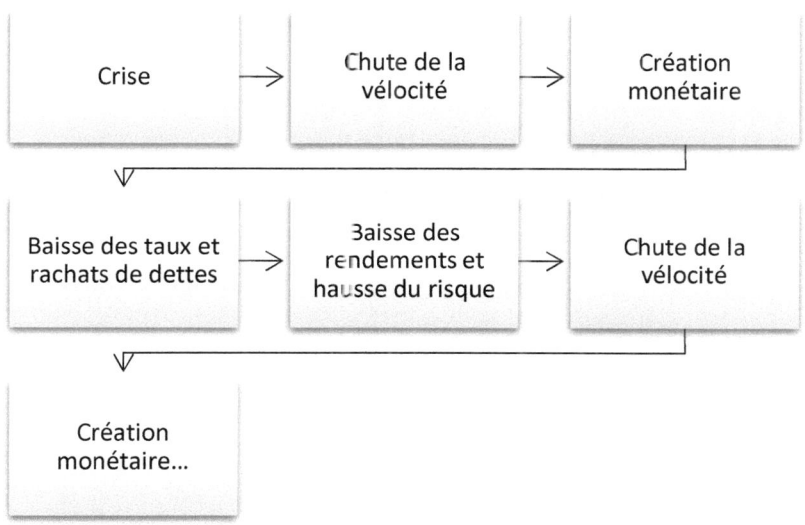

GUERRES, PANDÉMIES, ÉRUPTIONS…

Cela fait souvent rire, mais TOUTES les civilisations ont connu au moins un de ces évènements. L'or traverse les millénaires et ne pas traiter de ce genre d'évènements serait mettre une croix sur l'or lui-même. TOUTES ces mêmes civilisations ont connu un point tournant de leur Histoire, pour le meilleur ou pour le pire, via l'un de ces évènements : guerres, pandémies, éruptions volcaniques, etc. Ce sont des évènements bien plus récurrents que nous pouvons l'imaginer. Et ces évènements sont presque toujours en synchronisation parfaite avec les cycles économiques.

Un investisseur de long terme sur l'or se doit de regarder de près ces risques. Ces évènements sont parfaitement « imprévisibles » pour le commun des mortels, qui refuse d'y croire jusqu'à que cela se produise réellement. Cette « imprévisibilité » est la source des paniques les plus marquées et constitue un facteur d'animalité à outrance au moment venu, tant dans la violence que dans la haine, la peur ou la terreur. C'est un aspect du comportement humain par lequel sont passées, et j'insiste, TOUTES les civilisations. Dans ce cas de figure, et nous l'avons vu avec la crise du Covid-19, l'or joue pleinement sa carte refuge.

Ces évènements sont loin d'être négatifs, pessimistes et abstraits. Ils sont simplement une composante qui alimente les émergences et déclins humains depuis des millénaires. Celui qui n'y prête pas attention par orgueil optimiste ne prêtera jamais attention aux facteurs d'évolution humains.

En juin 2020, les analystes de la Deutch Bank, dirigés par Henry Allen, ont estimé dans une étude la probabilité d'une catastrophe (éruptions solaires ou volcaniques, guerre ou pandémie) à 33 % sur les 10 prochaines années. Sur 20 ans, la probabilité que l'une de ces catastrophes se produise est estimée à 56 %.

Tout d'abord, le risque d'éruption volcanique paraît élevé (plus que le risque de guerre) sur les prochaines décennies. Le risque d'éruption volcanique est bien réel. L'analyse cyclique tend à montrer un fort risque d'éruption volcanique dans les deux prochaines décennies avec différents points culminants du risque. Je ne peux que rappeler le désastre des éruptions volcaniques comme celles du Laki entre juin 1783 et février 1784 en Islande, qui a provoqué une panique financière. L'éruption du Laki a provoqué la mort de 80 % des moutons, la moitié des bovins et des chevaux, suivis de 20 % de la population en Islande. Les problèmes respiratoires à cause du dioxyde de sulfite, suivis surtout par un effondrement de la production agricole qui a provoqué la mort estimée de 160 000 personnes en Europe seulement ! Le problème actuel est que nous sommes presque autant vulnérables qu'en 1783, si ce n'est plus. Nous sommes autant dépendants de la nourriture que nos ancêtres, et au vu de la faible main d'œuvre dans le secteur primaire, un tel évènement serait un désastre responsable de la mort de millions de personnes à proportions équivalentes.

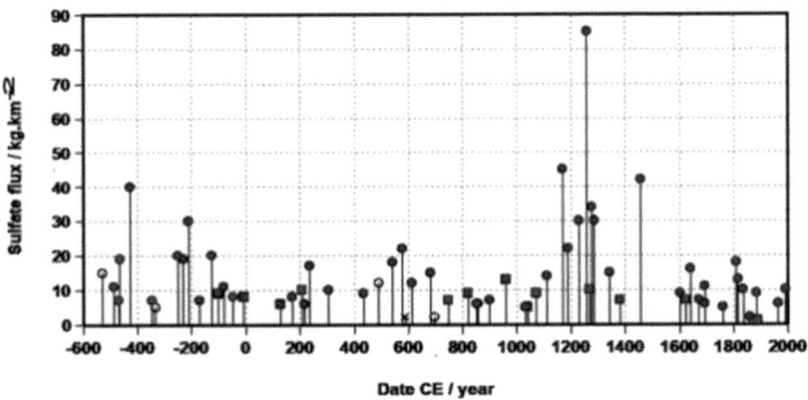

Le graphique ci-dessus montre l'analyse du soufre des sulfates volcaniques dans la glace. Il nous permet de déduire la présence de diverses éruptions. Les éruptions volcaniques façonnent l'Histoire humaine. De la chute de la République romaine (éruption en Alaska en -43) à la chute de l'Égypte sous Cléopâtre en passant par la disparition de Pompéi en 79, ou par la méga éruption du Samalas de 1258 en passant par celle du Kuwae en 1458... Sans parler de l'éruption du Tambora en 1815, qui a également joué un rôle majeur en faisant drastiquement chuter les températures jusqu'en Amérique du Nord avec des conséquences sur les récoltes. En Indonésie seulement, cœur de l'évènement, l'éruption aurait tué 70 000 personnes. Nous pourrions traiter de bien d'autres éruptions sur lesquelles nous pourrions développer pendant des heures. Le risque volcanique est bien réel.

Nous avons également le risque d'éruption solaire, que la Deutch Bank estime plus probable que le risque de guerre mondiale (risque de 40 % sur 40 ans). Nous n'avons pas encore connu ce risque à grande échelle, car les technologies et la forte dépendance à l'électricité sont relativement très récentes. En cas de forte éruption solaire, les communications ont de fortes chances d'être coupées, ce qui impactera significativement l'activité humaine. Le terme « panique » prendra tout son sens, car les échanges financiers pourraient également être atteints.

Le risque de pandémie : nous l'avons expérimenté avec le Covid-19, et pourtant, le taux de létalité était très loin d'être celui de grandes pandémies précédentes. L'« avantage » de la pandémie actuellement est que la science maîtrise mieux ce genre d'évènements. D'un point de vue historique, les pandémies agissent souvent dans le processus d'apogée d'un territoire ou d'un modèle sociétal.

Enfin, le risque de guerre sur lequel je suis revenu dans mon livre. Il est indubitable que la manifestation d'une catastrophe fait perdre toute raison à l'Homme, qui ne peut s'empêcher d'en provoquer une à son tour. Par une analyse cyclique, le risque de guerre mondiale est assez modéré sur les deux prochaines décennies. Ce sera plus un risque à prendre au sérieux dans la seconde moitié de ce siècle au vu des flux de capitaux à venir. Ce risque est à prendre au sérieux, car nous faisons face à une militarisation massive de nombreuses régions du monde. Entre 2006 et 2020, par exemple, les dépenses militaires de la Chine ont été multipliées par plus de 4,5 : passant de 280 milliards de yuans à 1 268 milliards de yuans. De même, entre 2000 et 2020, le budget US est passé de 296 Mds $ à 750 Mds $, soit une augmentation de plus de 150 %. À savoir qu'en 2018, les Chinois consacraient jusqu'à 3 fois plus leur richesse nationale à l'armée que les États-Unis.

Au-delà du risque de guerre mondiale, il y a un risque bien plus important de guerre civile ou de tensions sociales. On l'oublie trop souvent, mais des tournants idéologiques majeurs se font souvent au prix de combats sanglants. Il suffit de prendre l'exemple des morts qu'ont provoquées les gouvernements communistes : 65 millions sous la République de Chine, 20 millions en Union soviétique, 2 millions au Cambodge, etc. En tout, c'est au moins 94 millions de morts d'après *Le livre noir du communisme* (Éditions Robert Laffont, 1997), soit plus que la Première et Seconde Guerre mondiale réunies !! Oui, vous avez bien lu ! D'après l'ouvrage des universitaires, c'est près de 4 fois les victimes estimées du nazisme (25 millions), car, à la différence du nazisme, le communisme a été mondial.

Les estimations, qui prennent en compte des périodes plus ou moins larges et des conséquences plus ou moins larges, varient entre 42 millions et 161 millions, d'après la fondation Mémorial des victimes du communisme. En effet, le communisme a fait des morts bien avant 1917 et en fait toujours aujourd'hui (Corée du Nord, etc.). Si Karl Marx avait su par avance les conséquences, il aurait réfléchi à deux fois avant d'écrire, même pour seulement quelques millions de vies. Ce genre d'évènements est l'équivalent de guerres mondiales et la situation est aujourd'hui propice à traduire des tensions plutôt internes. Toutes les idéologies qui remettent en cause le progrès, même de l'intérêt humain, ont souvent tendance à tourner au bain de sang. Dans de nombreux articles, et dans mon livre littéraire *La liberté assassinée !* j'ai notamment insisté sur le fait que 2020 serait une année de tensions civiles et de retournement idéologique. Une nouvelle ère d'État est en train de s'ouvrir.

Dans ces situations extrêmes, auxquelles nos ancêtres ont déjà survécu, le terme « refuge » prend tout son sens, aussi extrême que cela puisse paraître. Un investisseur de long terme se doit de prendre en compte ces risques dans sa stratégie de diversification en fonction des décennies.

IV- INVESTIR DANS L'OR ET L'ARGENT EN PRATIQUE

Maintenant que nous avons vu des moyens d'anticiper l'évolution du prix des métaux dans les grandes lignes fondamentales, il existe plusieurs moyens de passer à l'acte. Il existe de nombreux moyens d'investir directement ou indirectement sur l'or. Nous traiterons ici des principaux : lingots, pièces, certificats (et pool accounts), ETFs et CFDs, actions minières, options et futurs, bijouterie, E-gold, fonds aurifères, etc. Mais nous devons rester clairs : rien ne vaut les métaux physiques. Début 2016, pour l'or, le ratio entre les intérêts ouverts (Open Interest) et l'or enregistré a dépassé les 500 sur le COMEX (marché américain de l'or) ! C'est-à-dire que chaque once d'or physique correspond à plus de 500 onces fictives. Alors, l'or papier, c'est bien pour spéculer sur le prix, pour un horizon de moyen terme, mais pas sur la sécurité.

Si votre horizon dépasse quelques années (disons 4 à 5 ans), il est préférable de détenir de l'or physique. Plus votre perspective sera spéculative et court-termiste, plus il sera préférable de se diriger vers de l'or « fictif ». L'or (ou l'argent) peut également servir de diversification sur certains actifs (E-Gold, actions aurifères, etc.), mais encore une fois, rien ne vaut l'or physique pour celui qui n'a d'autre horizon financier que la stabilité. L'idéal est de combiner un certain nombre de ces outils afin de bâtir une logique de diversification de son portefeuille en or (et argent) qui évolue dans le temps. Bien évidemment, ici, tout dépend du profil et des objectifs de chacun.

MARCHÉ PHYSIQUE

Le marché physique est l'assurance par excellence ! Si vous avez une perspective de long terme et très long terme, voire une perspective indéfinie, le marché physique est à privilégier. Sur le marché physique de l'or et de l'argent, on peut acheter des lingots ou des pièces.

Les lingots ont l'avantage d'être tangibles et de fournir une forte sécurité financière (la valeur ne peut pas chuter à 0 et assurance forte de récupérer son investissement à n'importe quel moment). L'inconvénient est évidemment celui de l'insécurité face aux vols et cambriolages, qui implique souvent la détention d'une assurance pour des montants conséquents. Mais pour un petit détenteur, on peut souvent assister à des moyens assez efficaces et assez amusants afin de cacher son or (jardin, murs, etc.). Les lingots vont souvent du petit lingot de quelques grammes (équivalent à une pièce) au lingot de 12,5 kg (le préféré des Banques centrales pour l'or). La pureté du lingot (sa teneur en métal pur) s'exprime généralement en pour mille (999,9 ‰) ou alors en carats. Le carat correspond simplement à la proportion d'or pur que l'on trouve pour 24 g, par exemple. Si un lingot contient 23,999 g d'or pur pour 24 g de masse totale, alors on dit que le lingot est de 24 carats (soit 999,9 ‰ de teneur). Pour faire simple, l'achat de lingot passe souvent par le paiement d'une prime (qui sert généralement pour effectuer la frappe et assurer tous les frais associés à la fourniture d'un lingot), majoré d'une commission du vendeur de l'ordre de quelques pour cent de la valeur totale en règle générale.

Prix de l'or + Prime + Commission = Prix final.

Une autre possibilité pour acheter de l'or (ou de l'argent) physique est d'acheter des pièces. Il existe deux types de pièces : les pièces dites d'investissement et les pièces historiques. C'est-à-dire, d'une part, des pièces qui ont une garantie de valeur de l'État, et d'autre part, des pièces qui ont été frappées sous un système qui n'existe plus aujourd'hui. La pureté des pièces « d'investissement », qui sont garanties par l'État à travers un certain prix, doit être égale ou supérieure à 90 %. Par exemple, la pièce d'or emblématique American Eagle d'une once d'or est garantie par une valeur faciale de 50 $ (la valeur intrinsèque est largement supérieure). Le prix d'une pièce varie selon son année de frappe et sa rareté (le nombre de fois où elle a été frappée). Pour une pièce qui a une valeur faciale en vigueur, il existe une prime assez conséquente, car le coût de frappe est assez important.

Pour les pièces historiques (numismatiques), on peut distinguer « deux valeurs ». Une valeur intrinsèque en or (ou argent), ajoutée à une valeur

« historique », c'est-à-dire la prime, dans le jargon. Plus la prime est importante, plus la valeur historique de la pièce (avec sa valeur intrinsèque) est grande. La prime est propre à chaque pièce et dépend de sa conservation, sa date de frappe, sa collection, son emplacement géographique et de la spéculation à laquelle la pièce est sujette.

Généralement, à partir d'une certaine date, la valeur historique peut prendre le dessus sur la valeur intrinsèque. Autrement dit, se diriger vers des pièces très rares nécessite une bonne connaissance historique.

Ainsi, investir dans les pièces peut se faire sur des pièces en or qui sont garanties de nos jours ou bien sur des pièces historiques qui prennent en compte le facteur historique. Il faut être prudent avec l'achat de pièces et s'assurer (surtout pour les pièces les moins liquides) de leur vraie valeur historique. Les contrefaçons sont souvent la première fraude à surveiller. Les vendeurs s'y connaissent généralement mieux que les acheteurs.

Pour le stockage, il existe évidemment un stockage personnel qui peut suffire pour de faibles quantités. Il existe sinon des sociétés spécialisées qui ne sont pas des institutions financières. Les banques n'ont généralement que de petits coffres qui conviennent pour de petites quantités. Le mieux est de se diriger vers un stockage alloué, où vous êtes propriétaire des métaux stockés. Les frais sont parfois même inférieurs à certaines banques. Le lieu est également optimal : généralement la Suisse (Zurich), le Canada (Toronto) ou Singapour.

CERTIFICATS ET POOLS ACCOUNTS

Un certificat sur l'or est une créance que la banque (une institution) vous doit. Par ailleurs, à la différence des certificats, les pools accounts ne sont pas des titres.

Les certificats permettent de bénéficier d'une absence relative de coûts de transports et de stockage, mais sont cependant soumis à divers frais et commissions. Il y a ainsi des certificats alloués, où vous êtes le propriétaire, et des certificats non alloués. Typiquement, un certificat sur l'or est un certificat non alloué avec une option de le convertir en or alloué (qui inclut des coûts assez conséquents). De plus, l'or non alloué est inscrit à l'actif de l'émetteur. Le risque est évidemment que l'émetteur du certificat soit en défaut (ce qui vous fait perdre votre investissement) ou que le certificat ne soit pas réellement gagé par l'or (surémission de certificats, doublons, faux certificats). Il n'y a généralement aucun moyen de vérifier l'équivalent or.

Les pools accounts, contrairement aux certificats, ne sont pas des titres qui peuvent s'acheter ou se vendre à n'importe quel moment. Ils sont ouverts au nom d'un client. Retirer ses avoirs nécessite donc de passer par l'entreprise qui gère le compte, et non par un autre investisseur.

ETFs (Trackers) ET CFDs

Pour rappel, les ETFs (aussi appelés trackers ou « Fonds coté en Bourse » en français) sont des produits financiers qui reproduisent les variations d'un sous-jacent (or, indice boursier, etc.). Si vous achetez un ETF sur l'or, vous achetez une part d'un fonds qui investit (théoriquement) sur l'or. Dans ce cas, l'or ne vous revient pas. L'avantage est que le prix de l'ETF est généralement inférieur au prix (de l'once) d'or et permet de reproduire globalement les variations de l'or. Mais les ETFs sont loin d'être le produit idéal. Je renverrai aux travaux de James Turk sur la question avant d'entrer sur les ETFs or.

Par ailleurs, quand on parle d'ETF sur l'or, il serait plus exact de parler d'ETC sur l'or, c'est-à-dire « Exchange Traded Commodities ». À la différence des ETFs, les ETC sont des obligations à durée indéterminée (à zéro coupon). Autrement dit, c'est comme si vous prêtez de l'argent au Tracker qui vous le rendra selon les variations du sous-jacent (or ou argent...). Voici quelques ETCs cotés à Paris ou Amsterdam : ETFS Physical Gold ; Wisdomtree Physical Gold ; Gold Bullion Securities ; Invesco Physical Gold ETC ; Amundi Physical Gold ETC.

On distinguera également les ETFs qui suivent l'or et ceux qui suivent les variations des compagnies minières.

Toujours dans une logique plus proche du trading (pas d'investissement), les CFDs sont aussi intéressants. Pour rappel, un CFD est un produit dérivé qui reproduit les variations d'un sous-jacent (un indice, une action, une matière première...). Il permet de spéculer à moindre coût sur l'évolution du marché. Cette spéculation peut être amplifiée par l'utilisation d'un effet de levier (multiplication des gains ou des pertes). Les CFD permettent aussi de spéculer à la baisse (vente à découvert). Les CFDs n'ont aucune garantie d'or physique et sont de la spéculation pure (un pari contre votre broker).

FUTURES ET OPTIONS

Il s'agit là de contrats à terme, produits financiers les plus échangés au monde. Leur origine remonte au secteur agricole. En clair, un agriculteur qui estime que sa production vaudra moins cher d'ici deux mois, par exemple, pourra toujours conclure un contrat avec un acheteur qui prendra effet dans deux mois, à prix donné. C'est la même chose pour les contrats à terme (futures). L'acheteur fait ainsi un pari sur le niveau de cours à une date donnée. Si un trader estime que le CAC40 montera de 500 points en 1 mois, alors il peut se diriger vers un futur CAC40 à 1 mois et ainsi parier sur la hausse du CAC40. La différence est que ces produits offrent un effet de levier important (10 € du point, par exemple...). Dans le cas de l'or, l'acheteur s'engage à payer l'or à un prix déterminé à une date déterminée et le vendeur s'engage à fournir l'or (ou l'équivalent or) à cette même date et au même prix convenu au préalable. Ces produits doivent avant tout être réservés aux professionnels qui maîtrisent l'utilisation des dérivés. Pour ceux qui désirent se former, je renverrai ici aux travaux de Paul Marcel que j'ai eu l'honneur d'interviewer :

Les futures sont exposés à un risque de pertes amplifiées. Si vous achetez un contrat long (pari à la hausse) pour 1 000 $ avec un levier de 10 (soit un équivalent de 10 000 S de positions) et que l'or chute de 10 %, alors vous aurez perdu 10 % de 10 000 $, soit 1 000 $. Vous pouvez donc perdre plus que la mise. Si tel est le cas, soit vous maintenez votre position en rajoutant le montant des pertes supplémentaires (margin call), soit vous vendez votre contrat. Une variation soudaine et violente du prix de l'or (ou de l'argent) en cas de pénurie a de fortes chances de provoquer une instabilité sur les futures. Cela peut conduire un parti à ne pas tenir ses engagements. À savoir que, d'après BullionVault, 95 % du marché des futures est justement basé sur le crédit. Ce produit, parmi les plus complexes, est donc avant tout spéculatif et réservé aux professionnels.

Les options sont très similaires aux futurs, à la différence qu'elles offrent le droit (et non l'obligation) à l'acheteur de vendre un instrument. Une option est un contrat qui donne un droit d'achat (call) ou de vente (put) sur un sous-jacent. Quand un investisseur estime une baisse des cours, il peut se diriger vers une option « put » qui, à date déterminée, donne un prix appelé prix d'exercice (ou strike). L'acheteur de l'option fait des gains quand le prix du sous-jacent (ici, l'or) est supérieur au prix d'exercice (prix du contrat) pour un call ou bien alors fait des gains quand le prix d'exercice est supérieur au prix du sous-jacent pour un put. On dit aussi que l'option est dans la monnaie. Le coût d'une option, qui se calcule selon le strike (prix d'exercice), mais aussi selon le prix du sous-jacent et le temps avant échéance, est appelé la prime.

Le problème des options est qu'elles présentent des pertes potentiellement illimitées pour des gains potentiellement limités. Là aussi, le risque est qu'un des deux partis ne respecte pas ses engagements, surtout en cas de forts mouvements de marché. Ces produits complexes sont donc avant tout réservés aux professionnels et n'ont pas d'utilité immédiate pour un réel investissement.

ACTIONS MINIÈRES ET FONDS AURIFÈRES

Acheter des actions d'entreprises minières permet d'investir indirectement sur l'or (ou l'argent). Bien que la corrélation entre l'or et les actions minières ne soit pas complète, elle existe bel et bien. Les actions minières peuvent se distinguer en divers groupes. Premièrement, les actions juniors. Elles sont généralement plus volatiles (et moins corrélées à l'or). Elles renvoient aux entreprises avec une small cap (de moins de 500 millions de dollars). Ces entreprises ne réalisent généralement pas de profits et en sont à leurs premières étapes, cherchant à miner des métaux. Elles sont ainsi risquées, par l'incertitude future, et volatiles du fait de leur petite capitalisation.

À l'inverse, les actions seniors offrent de plus grandes capitalisations et des profits effectifs. La corrélation avec l'or est plus pertinente, d'autant plus qu'une hausse du prix de l'or induit une hausse plus rapide des profits (une sorte de levier). Par exemple, si l'once d'or passe de 1 700 $ à 2 000 $ et que le coût de production est de 1 200 $, alors les marges passent de 500 $ à 800 $ (de 29 % à 40 % du prix de vente). Cependant, comme nous l'avons vu, ce sont généralement les coûts de production qui déterminent le prix de l'or. **On en déduit donc que les actions des compagnies minières de grande taille sont très intéressantes en périodes d'incertitude économique.** Simplement, car l'évolution du prix de l'or à la hausse ne dépend non plus principalement des coûts, mais des incertitudes. D'autres actions minières intéressantes sont les actions minières de taille intermédiaire qui offrent à la fois volatilité moyenne et profits.

Les indicateurs à regarder sont bien sûr le niveau d'endettement, de profitabilité, les projections d'évolution du prix de l'or, les coûts de production comparatifs, mais aussi le risque de changes (chute ou hausse trop importante de certaines devises), etc. À long terme, les minières devraient devenir graduellement plus dépendantes du prix de l'or et non des quantités traitées, ne serait-ce que par les augmentations du budget alloué aux découvertes qui se font de plus en plus rares. Le secteur minier est donc sous tension dans l'immédiat, mais la rareté de sa production le dirige vers un changement structurel qui ne sera que bénéfique pour le prix de l'or.

La plus grande compagnie minière d'or au monde est la Barrick Gold, avec ses 3 milliards de profit, qui siège au Canada et possède de nombreuses branches. Les principales compagnies minières sur l'or sont : Goldcorp Inc. ; Barrick Gold ; Newmont

Mining ; Harmony Gold Mining ; Cœur d'Alene Mines ; Yamana Gold ; Anglogold Ashanti Ltd ; Gold Fields Ltd. ; B2Gold, etc.

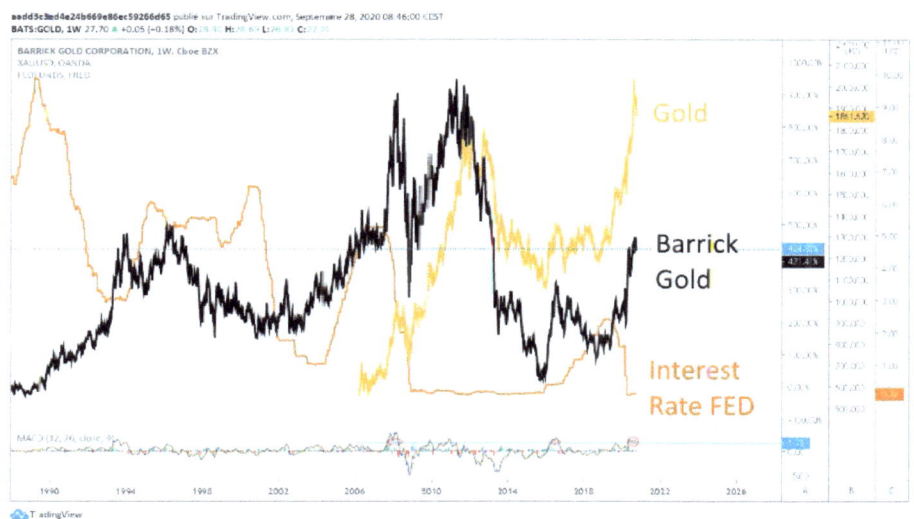

Les actions minières, comme la célèbre Barrick Gold, sont très bien corrélées à l'or. Comme le montre le graphique ci-dessus, les actions minières ont des mouvements de plus grande amplitude que l'or, aussi bien à la hausse qu'à la baisse. C'est un aspect intéressant de la diversification sur actions en temps de crise. L'avantage du secteur minier au sens large est qu'il reste sous-valorisé. Alors que le S&P était par exemple valorisé de plus de 12 fois son résultat annuel en 2018 ; c'était seulement 2 fois pour les actions aurifères[5]. Un autre aspect

---

[5] Source : *Margin Trumps Ounces as Gold Miners Shine Despite COVID-19,* Bakersteel, 26 août 2020.

des actions aurifères est leur lien avec l'économie. C'est une recommandation personnelle qui s'est avérée vraie jusqu'ici : acheter des actions aurifères horizon 3 à 5 ans quand les taux d'intérêt sont au plus haut (1989, 2000, 2006, 2018). Des taux d'intérêt en chute libre signifient une dégradation monétaire, un or plus fort et des compagnies plus rentables. De même, les moments propices à la vente des actions aurifères sont aussi ceux propices à la vente d'or physique. Souvent, donc, il s'agit des périodes où la dégradation monétaire ralentit et où le risque systémique faiblit (2011-2015, par exemple). Historiquement, au regard de ces 40 dernières années, cela apparaît souvent 4 à 5 ans après que les taux d'intérêt ont été au plus haut.

Investir dans les actions minières, avec un portefeuille actions, reste extrêmement intéressant en temps de crise. Cela permet de bénéficier indirectement de l'or. Les paramètres fondamentaux de la compagnie en question restent évidemment centraux, mais son résultat dépend avant tout du prix de l'or.

Un autre moyen d'investir dans les minières est de se diriger vers des fonds communs de placement (ETFs, ou OPCVM et SICAV). Ces fonds détiennent des actions de compagnies minières ou des produits en lien avec l'or (ETFs...). C'est plus un moyen de diversifier ses placements hors matières premières plutôt que de détenir de l'or. Voici quelques fonds principaux : First Eagle Funds ; Tocqueville ; ASA Gold and Precious Metals Ltd, etc...

Le risque majeur est évidemment celui de la faillite. Bien que n'étant pas directement liée à l'or, on se souvient tous de la faillite de la LTCM (Long Term Capital Managment) en 1998. Le hedge fund avait en fait près de 1 250 milliards de dollars de contreparties pour seulement 4,7 milliards de capitaux propres début 1998.

E-GOLD

C'est un aspect nouveau et très intéressant de l'or. Ce que l'on appelle « E-Gold » renvoie à une cryptomonnaie gagée par l'or. C'est donc une monnaie indépendante des gouvernements et des politiques monétaires et fiscales, puisque la monnaie reproduit les variations de l'or. L'E-Gold est assez proche des pools accounts, mais à la différence qu'il permet d'effectuer des paiements ou peut-être acheté et vendu à n'importe quel moment. Ces monnaies, certes virtuelles, permettent de bénéficier d'une diversification monétaire sur l'or, pour un montant quelconque, avec de faibles frais de transaction. Les risques sont ceux de voir des problèmes de transparence face à l'or réellement détenu. En 2002, la Digital Currency Association (DCA) a été créée afin de réguler ces monnaies. Une monnaie E-Gold que je recommande pour transformer ses devises en monnaie (gagée par l'or) est le PAX Gold. Le PAX Gold se fait dans le cadre d'une institution financière régulée : Paxos. Bien qu'il existe d'autres E-Gold en France, l'accès au PAX Gold peut se faire à travers certaines plateformes d'investissement à l'instar de SwissBorg. Cette plateforme est spécialisée dans les monnaies digitales en lien avec les refuges (on peut échanger des euros contre des bitcoins, des bitcoins contre des PAX Gold et plein d'autres monnaies). L'E-Gold est un aspect que je conseille dans son Wealth Management des refuges. Pour télécharger l'application :

L'E-gold a une réelle proximité avec les nouvelles générations. Je conseille l'E-Gold en tant que moyen de diversification dans les cryptomonnaies, qui sont maintenant une partie intégrante du paysage financier et, au même titre que l'or, ont l'ambition de s'affranchir des gouvernements, gagner en sécurité et rapidité.

FISCALITÉ SUR L'OR ET L'ARGENT

Dans un article du 1ᵉʳ mai 2020 dans la rubrique « Fiscalité » du site *lesprosdeleco.com*, j'ai mis en avant la fiscalité française de l'or sur laquelle beaucoup ont des questions :

La vente d'or est soumise à un régime fiscal particulier entré en vigueur depuis 2006. Tout particulier souhaitant vendre son or doit opter pour l'un des deux régimes de taxation suivants.

1/ Soit une taxe forfaitaire de 11 % appliquée au montant brut de la vente (10,5 % de taxe sur les métaux précieux ou TMP et 0,5 % de Contribution au Remboursement de la Dette sociale ou CRDS).

2/ Soit la taxation au régime de la plus-value à hauteur de 36,2 %. Il s'agit d'une taxe uniquement applicable en cas de plus-value. Autrement dit, avec cette taxation, si un gain est réalisé, il faudra payer 17,2 % de prélèvements sociaux et 19 % d'impôts sur la plus-value. Soit une taxe totale de 36,2 % sur les éventuels gains. À noter que **la plus-value imposable bénéficie d'un abattement de 5 % annuel à partir de la troisième année. Après 22 ans de détention, la vente d'or est totalement exonérée d'impôt.**

Il faudra bien sûr dans ce cas conserver ses preuves d'achat qui indiquent le prix et la date.

La vente d'or physique est donc à déclarer auprès des impôts sous peine d'une amende fiscale (formulaire 2091 pour la taxe forfaitaire de 11 % et formulaire 2092 pour la taxe à 19 % sur la plus-value).

L'achat d'or physique

Si l'or en question est de l'or dit « d'investissement », alors aucune taxe n'est exigible à l'achat (la TVA ne concerne pas l'achat d'or). L'or d'investissement, exonéré de taxe à l'achat, concerne l'ensemble des barres lingots ou plaquettes frappées après 1800 (d'un poids supérieur à 1 gramme et d'une pureté supérieure ou égale à 995/1000ème). Frappé avant 1800, la TVA s'applique donc.

L'or papier

L'achat d'or papier n'est également pas taxé. En ce qui concerne la vente d'or papier depuis le 1er janvier 2018, les plus-values sont taxées au titre du Prélèvement Forfaitaire Unique (PFU) de 30 %. Cependant, il est possible de choisir d'être taxé au titre de l'Impôt sur le Revenu (IR). Vos gains sont alors imposés selon votre Taux Marginal d'Imposition (TMI). Dès le premier euro de gain, les 17,2 % de prélèvements sociaux sont donc dus. Exactement comme dans le cas d'une action.

Bon à savoir

Jusqu'en 1990, en France, il était possible de vendre de l'or de manière totalement anonyme jusqu'à 22 000 €, et donc en acceptant un paiement en liquide. De nos jours, **le règlement en liquide sur les métaux précieux est strictement interdit** en France. Il est donc impossible d'acheter de l'or de manière anonyme en France.

Une fois de plus, l'Europe peine à l'harmonisation. En effet, la vente d'or anonyme (et donc par règlement en espèces) est possible jusqu'à 3 000 € en Belgique, 15 000 € au Luxembourg, et 100 000 francs suisses pour la Suisse (soit 94 500 €). On notera enfin que la détention d'or n'est exigible d'aucune imposition en France. L'or n'est donc pas soumis à l'IFI.

CONCLUSION

L'or et l'argent ont toujours fasciné.

L'or est passé du métal d'art à la monnaie. Comme à chaque fois, cette monnaie se transforme en arme politique. Et pour étendre son pouvoir toujours et encore plus, le gouvernement dévalue cette monnaie en devise, qui ne fait plus que représenter une valeur illusoire. Tant que cette devise se dévalue sans éléments perturbateurs, la situation prospère. Mais le jour où la croissance de très long terme est menacée, le risque d'effondrement de la devise est bien réel, car un seul élément maintient la stabilité systémique : la confiance envers l'État.

Dans toute cette intrigue, l'or ne change pas... Ce n'est pas pour rien que l'or était encore à 35 $ l'once en 1970 et à 2 000 $ l'once en 2020 (prix multiplié par 57 en l'espace de 50 ans). En d'autres termes, l'or (et l'argent en partie) est une fraude contre la répétition des lois de l'Histoire. L'or est ce que j'appelle « *un actif libre* ». Libre au sens qu'il représente à lui seul le libre marché par son caractère refuge et anarchique. Autrement dit, la destruction relative du libre marché qui opère à un moment donné ou à un autre dans une civilisation ne peut que bénéficier à l'or. C'est structurel. Les gouvernements ont toujours échoué à maintenir le libre marché, car ont toujours cherché à en prendre le contrôle. Quand on sait cela, on comprend qu'il faut de l'or. Alors, oui, l'or n'a pas de rendements (sauf éventuellement pour les produits dérivés de l'or). Mais c'est justement, car il n'y a pas de rendements qu'il n'y a pas de risque. En plus de ne pas avoir de risque, l'or n'a pas de contrepartie. Une action dépend d'une entreprise, une obligation dépend d'un État, etc. Ce n'est pas le cas de l'or. L'or ne pas être menacé par un défaut, une faillite, et ne dépend de la responsabilité de personne. En cela, il n'est soumis à aucune contrainte structurelle, ce qui signifie par-dessus tout qu'aucun État ne peut prétendre à en être la contrepartie (surtout dans un système flottant). L'or est aussi un actif réel, pas un actif papier. Les actifs/placement papiers, tels les actions, les obligations, les livrets, assurances vie ou autres sont une promesse de valeur dans l'avenir. Les actifs réels, tels les matières premières, l'immobilier, les œuvres d'art ou l'or sont une garantie de valeur dans le présent. Il y a ceux qui jouent avec l'avenir (actifs papiers), ceux qui s'assurent avec le présent (actifs réels) et ceux qui ont la capacité d'alterner entre présent et avenir selon la conjoncture.

L'or est bien plus qu'une devise, c'est une monnaie internationale, intergénérationnelle et surtout indépendante... Au lieu de détenir des devises dans votre portefeuille pour assurer une sécurité, il est préférable de détenir de l'or.

L'idéal est d'avoir entre 5 %, 10 %, voire 20 % de son portefeuille en or (et argent) et de jouer sur la diversification en fonction des indicateurs que nous avons traités. Cela peut également être seulement

Conclusion

quelques pour cent qui permettent de réduire le risque du portefeuille. Le mot d'ordre de l'or, c'est maintenir le pouvoir d'achat... La variation du prix de l'or peut se résumer d'une part à son opposition avec la devise et ses paramètres (qui détermine sa valeur) et, d'autre part, à sa rareté (qui dépend de la démographie, du contexte économique, des conditions de détentions, coûts de production, etc.).

Comme nous l'avons traité ici, l'or est structurellement gagnant à long terme. C'est économique. L'or reste donc un actif de référence quand on investit pour une durée indéterminée, à défaut d'avoir confiance dans le système et de prendre des risques parfois inutiles. Encore une fois, c'est l'actif idéal pour un particulier en recherche d'un placement de long terme extrêmement sûr. Pour les plus gros investisseurs maintenant, jouer sur la diversification est important. Il y a des moments pour acheter et des moments pour vendre. L'or ne suit pas une ligne de prix exponentielle (hors hyperinflation). L'or réagit mal aux périodes de détente du risque. Périodes de détente du risque qui prennent effet après le rebond de la croissance qu'on observe suite à chaque crise (tensions croissance/taux réel). En d'autres termes, l'or est intéressant à mettre en perspective avec la manifestation des cycles économiques. C'est pour cette raison que nous pouvons identifier différentes dates de concentration de type haussière à venir sur l'or comme fin 2023/début 2024, ou bien 2033/2034. À l'inverse, on peut à ce jour noter principalement 2025, 2028 ou encore 2031. Dates tirées de l'étude cyclique que je développe régulièrement. Je donnerai des prévisions plus exactes dans mes différentes publications. L'or est économique, et il le restera jusqu'à preuve du contraire.

Mais alors, comment synthétiser les prochaines décennies ? La réponse : rééquilibrage économique. Nous faisons face au même problème (très largement amplifié) auquel les États et les Banques centrales ont fait face durant la Grande Dépression. Dans les prochaines décennies, les Banques centrales vont se confronter à un des plus importants problèmes monétaires dans l'Histoire de notre société. Nous allons faire face à un rééquilibrage qui sera néfaste pour l'offre, c'est inévitable pour maintenir la stabilité systémique. Comme je l'ai expliqué, l'or bénéficie TOUJOURS de rééquilibrages économiques, car ils sont source de tensions. Nous allons probablement entrer dans une économie encore plus régulée, administrée, et qui ne pourra que dégager des tensions à très long terme. Quand la devise n'a plus aucune valeur, quand les gouvernements arrivent au bout de leur logique de monopolisation, quand la dette menace la stabilité systémique, la seule garantie de valeur sont les métaux précieux. Les Banques centrales, tout comme les États, ont développé une économie bipolaire, qui se maintient dans l'excès ou bien s'effondre dans l'excès. La nécessité d'avoir une assurance systémique n'a jamais été aussi forte dans

Conclusion

notre civilisation. Sur de nombreux aspects, les obstacles vont s'enchaîner, et il y a de fortes chances que nous n'ayons plus les moyens de lutter afin de maintenir une croissance économique asphyxiée par la destruction du libre marché. Car, en effet, les prochaines années risquent de marquer un tournant dans l'équilibre économique des prochaines décennies. Mais en plus de ce rééquilibrage pour les quelques décennies à venir, nous devrions assister à un rééquilibrage de très long terme (pour plusieurs siècles), où la démocratie et le capitalisme vont achever près de trois siècles de prédominance. Pour ceux qui souhaiteraient aller plus loin sur ce sujet, je renverrais à mes travaux dans mon livre *2021, Prémices de l'effondrement* ou bien au livre de prospective économique *Face au monde d'après* de l'économiste Jean-David Haddad. Livre auquel j'ai eu le plaisir de participer en donnant mon analyse.

Ce livre ne donne pas de conseil d'achat ou de vente, l'objectif est essentiellement d'apporter certaines bases pour gérer ses investissements sur l'or et l'argent. Enfin, je rappelle que j'anime des prévisions et articles divers pour de nombreux sites, dont celui de la présente collection, *www.lesprosdeleco.com*. Vous pouvez également me suivre sur les réseaux ou me contacter (thomas.andrieu.contact@gmail.com) pour d'éventuelles questions ou vous inscrire à ma newsletter. Pour compléter ce livre, vous retrouverez mes travaux et documents prévisionnels, ainsi que ma newsletter, sur mon site www.andrieuthomas.com. Prévisions qui sont en partie basées sur des études cycliques qui permettent d'établir des modèles cycliques, qui offrent une approche différente du marché, permettant d'anticiper des retournements avec une assez forte efficience relative. Études dont je communique généralement les résultats, et souvent les prévisions qui en découlent.

ANNEXES

« CYCLE DE PRÉDOMINANCE »

À mon sens, l'économie est avant tout le processus qui vise à transformer la demande en offre et l'offre en demande. Mais il s'avère qu'il y a parfois des périodes où il est plus facile de transformer la demande en offre (prédominance de l'offre) et des périodes où il est plus facile de transformer l'offre en demande (prédominance de la demande).

Une prédominance de l'offre traduira généralement un contexte de fond déflationniste, avec une hausse de la rentabilité du capital, ce qui provoque une attention plus forte sur la productivité et moins forte sur les salaires. La demande se retrouve freinée (surtout dans le cadre d'investissements publics avec la hausse des recettes qui en découle). La demande ralentit donc, quand bien même l'offre s'intensifie. Pour maintenir l'équilibre, et pour corriger la réduction de l'inflation, le système économique va se réajuster en baissant les taux (et en augmentant si possible les liquidités). Arrivés à un certain point, des taux trop bas, une offre trop intense, un blocage de la demande peuvent provoquer un choc sur cet équilibre économique.

C'est alors que des dettes trop lourdes, et/ou une baisse de la rentabilité du capital poussent à un lent choc d'offre. À ce moment, qui souvent s'insère dans le cadre de tensions politiques et sociales, l'offre devient moins efficiente, ce qui la pousse à réallouer de l'importance aux salaires pour maintenir la productivité. La demande se retrouve favorisée et l'offre est mise sous tension, ce qui favorise un contexte de fond inflationniste.

On assiste donc à un cycle où la croissance économique se fait parfois par la prédominance de l'offre, et parfois par la prédominance de la demande. Autrement dit, parfois par la prédominance de la production, et parfois par la prédominance de la consommation. À chaque changement de prédominance, des tensions émergent. Historiquement, on peut distinguer la période début 1900-1940 comme une période « de prédominance de l'offre », la période de l'après-guerre à 1980 comme une « période de prédominance de la demande », et la période 1980-2020 comme « période de prédominance de l'offre ». D'où la notion de rééquilibrage économique, qui alterne entre contexte de hausse ou de baisse des taux et de l'inflation à long terme, de hausse ou de baisse des profits des entreprises, etc. Il y a ainsi des périodes où la relance devrait plus se faire par la demande et des périodes où la relance devrait plus se faire par l'offre.

RELATIONS DE FISHER

$MV = PQ$

C'est un aspect de l'équation de Fisher, où la masse monétaire M multipliée par son utilisation V (la vélocité) est égale à l'ensemble des biens et services échangés Q à un prix donné P. Ainsi, si la masse monétaire augmente, avec une vélocité et des quantités de biens et services fixes, les prix vont augmenter. Ces dernières années, nous assistons à une diminution de la vélocité et à une hausse de la masse monétaire (effets qui s'annulent).

La thèse « néofisherienne », bien que critiquée, nous permet d'aller encore plus loin et de comprendre l'incidence des taux sur l'économie :

Taux d'intérêt = taux réel + inflation anticipée

Si aujourd'hui les taux baissent, cela signifirait que l'inflation anticipée baisse ou bien que le taux réel baisse (le taux nominal baisse). Cette relation a été contestée par certains économistes, surtout à court terme, mais elle permet de comprendre qu'il y a des périodes où l'inflation alimente la hausse des taux, qui alimente elle-même la hausse des taux, et ainsi de suite... Et, à l'inverse, des périodes où la baisse des taux alimente la baisse de l'inflation, et donc la baisse des taux, et ainsi de suite. La dernière « inversion » dans l'équation fut en 1981 avec la décision de Paul Volcker de mettre fin à l'inflation. Aujourd'hui, nous approchons de ce type de décisions avec une baisse des taux qui alimente la baisse de l'inflation. Un des paramètres de l'équation devra donc significativement changer, c'est inévitable pour maintenir le processus économique à très long terme. Et comme nous l'avons vu, l'or a de très fortes chances d'en ressortir gagnant dans toutes les hypothèses de réajustement.

TÉMOIGNAGE DE PASCAL TRICHET

Pascal Trichet est un investisseur et trader depuis 38 ans. Il est le fondateur de Pascal Trichet Trading qui offre des formations et conseils financiers. Son expérience très importante du milieu financier fait de lui un excellent analyste technique que je recommande. Il est un fervent défenseur de l'or et je ne peux que diriger vers ses conseils ceux qui cherchent des analyses de qualité. Il nous offre spécialement ici son approche de l'or en complément de celle qu'il avait apportée fin 2018 :

« Faut-il acheter de l'or ? La réponse est oui et je m'en explique.

Déjà, si vous êtes abonnés à mes conseils financiers, en septembre 2018, vous êtes chaudement avertis de vous positionner. L'once d'or était à 1 200 dollars. Mes analyses techniques et graphiques mensuelles m'indiquent clairement un retournement à la hausse de plusieurs fonds (FCP et SICAV) indexés sur l'or. Les gestionnaires de fonds anticipent !

Faut-il acheter de l'or à ce moment ? : oui ! Qui plus est, une analyse graphique simple de l'once d'or montre fin 2018 et début 2019 un phénomène appelé bottoming process, précurseur d'une certaine avancée. Donc, faut-il acheter de l'or à ce moment-là ? : oui ! Et enfin, en juin 2019, ce graphique déborde une ligne horizontale (overlap) qui coiffe les cours depuis 2013, 2014, 2016 et 2018.

C'est le dernier signal clair d'un début de hausse fulgurant. Le 7 août 2019, l'once cote 1 518 dollars l'once, déborde le seuil psychologique des 1 500 qui va attirer les foules. Faut-il acheter de l'or ? : OUI, indéniablement. Un simple graphique vaut mieux qu'un long disccurs.

Vous voulez des arguments fondamentaux ?

Le cycle inflationniste refait surface en 2020 ; l'or adore cela. Faut-il acheter de l'or ? : OUI. Quant à elles, les banques centrales sont-elles d'une certaine façon à bout de souffle ? Oui : l'or devient valeur refuge.

La guerre économique sino-américaine fait-elle rage ? Oui ! Les marchés boursiers sont fragilisés. De grosses mains se couvrent avec des achats or. La nouvelle crise du coronavirus en 2020 fragilise-t-elle l'économie ? : oui.

Dernière minute : je sous-titre "dernière minute", mais je vous propose de lever la tête du guidon. Un dernier point ce 8 juillet 2020, où je rédige mon passage dans l'ouvrage de M. ANDRIEU : voici un graphique en données mensuelles de l'once d'or. Dites-moi simplement ce qui arrêterait ce schéma de fusée ? La probabilité pour que l'or s'apprécie encore plus est très importante. À tout bon lecteur !

Faut-il acheter de l'or ?

OUI, définitivement oui, et ce ne sera pas faute de vous l'avoir dit et de l'avoir répété !

Et, me direz-vous, quid de l'once d'argent ?

L'argent n'est pas du tout en reste. Chacun sait qu'il peut être tout aussi valeur refuge. Dans certains cas, plus pertinent encore que l'or en particulier en cas de résurgence de l'inflation.

D'un point de vue analyse technique et graphique, il y a aussi en ce mois de juillet 2020 un phénomène remarquable : l'once d'argent dépasse nettement son plafond de verre (résistance) en place depuis 2017. Il s'apprête aussi à dépasser ses plus hauts depuis 2014. Ce qui équivaut ni plus ni moins à un SIGNAL MAJEUR de hausse. »

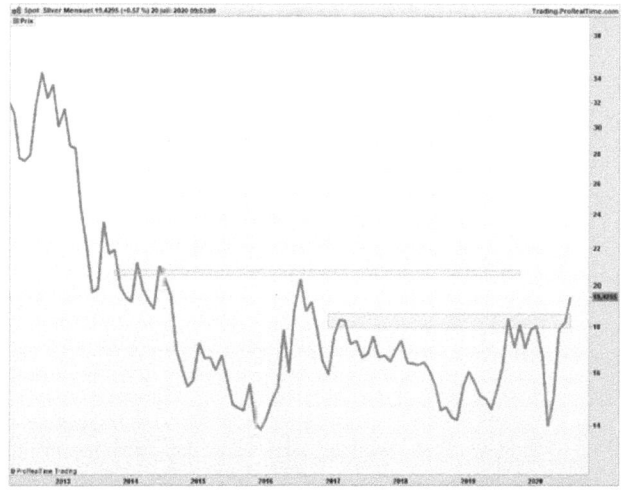

Pascal Trichet, juillet 2020,
www.pascaltrichettrading.com

TÉMOIGNAGE D'ANTHONY LESOISMIER

Anthony Lesoismier est le co-fondateur de SwissBorg, qui a levé 50 millions de francs suisses en 2018. SwissBorg est spécialisé dans les cryptomonnaies et propose sur sa plateforme d'investissement des diversifications allant du Bitcoin à l'E-Gold en passant par le dollar ou le token de l'entreprise. Pour plus d'informations sur Anthony et SwissBorg :

Pour terminer ce livre, il nous offre ici une ouverture sur les cryptomonnaies, qui peuvent être considérées par certains comme l'or du XXIe siècle et des jeunes générations :

« *Nous utilisons la monnaie au quotidien, et pourtant, peu d'entre nous comprennent vraiment comment elle fonctionne. Véritable paradoxe entre une évidence et un véritable casse-tête, que l'on parle de comment elle est créée ou bien de comment elle est échangée, on devient vite confus. À ce titre, le bitcoin,* à l'instar de l'or, suit un schéma de création et d'échange extrêmement clair et transparent.

Lorsque nous naissons, la seule unité que nous possédons, c'est notre temps. Le reste de notre vie, nous allons troquer cette dernière contre d'autres unités, qu'elles soient émotionnelles ou matérielles. Quand on regarde l'Histoire de l'Homme, de façon très basique, notre temps est alloué entre ce qu'il est nécessaire de faire pour survivre et comment nous divertir.

Les labeurs nécessaires telle que la chasse ainsi que nos divertissements tels que l'art, la fabrication de vêtements, de bijoux, ont donné naissance dans un premier lieu au troc. Puis ce troc s'est développé à grande échelle et nous avons inventé les systèmes monétaires. Puisque l'ensemble de ces interactions se sont effectuées dans un monde physique, il est plutôt naturel que l'or, qui est un métal précieux physique, se soit imposé comme référence dans ce système d'échange.

Aujourd'hui, un grand nombre nos divertissements et labeurs se sont digitalisés, ils sont devenus virtuels. Alors, il est légitime de se poser la question sur l'impact de nos systèmes d'échange.

Si en apparence il semble aussi rapide d'envoyer un mail à l'autre bout du monde que d'effectuer une *transaction avec une carte de crédit pour faire un achat en ligne ; la réalité est bien différente. On observe un déphasage important entre la vélocité de l'information et la capacité à effectuer des transactions financières. 3,8 milliards de la population ont accès à un compte bancaire (seulement) contre 4,5 milliards avec un accès à Internet. En moyenne, une transaction bancaire s'effectue en 2 jours ouvrés contre quelques millisecondes pour un message sur WhatsApp.*

Le Bitcoin utilise une technologie qui s'appelle la Blockchain. Cette dernière va permettre d'inventer un système financier qui va combler le gap avec le système d'information (i.e. Internet). Ainsi, la blockchain va accélérer le développement inéluctable de l'économie virtuelle. Avant l'invention de l'agriculture, il paraissait impossible d'échanger une peinture contre un morceau de viande ; aujourd'hui, la réalité est tout autre. Lorsque la technologie permet à l'humanité de moins se soucier de sa survie, alors le troc s'intensifie.

Si vivre en jouant à des jeux en ligne ou en postant sur vos social medias préférés paraît encore marginal aujourd'hui, soyez patient, c'est la réalité de demain. Dans cette réalité, Bitcoin est au troc virtuel ce que l'or a été au troc physique.

Annexes

Bitcoin c'est quoi et comment ça marche ?

La monnaie remplit trois fonctions économiques interdépendantes : c'est un moyen d'échange, une unité de compte et une réserve de valeur. Sans monnaie, les agents économiques devraient s'engager dans une économie de troc. Dans un système de troc, chaque échange nécessite une double coïncidence des besoins – chaque partie doit posséder le bien exact ou offrir le bien ou service exact que l'autre partie souhaite. Dès lors, on comprend que le développement d'une économie prospère est lié à la conception d'une représentation mutuellement reconnue de la valeur du paiement, qu'il s'agisse d'onces d'or, d'un bout de papier estampillé par le gouvernement ou d'une entrée numérique dans un livre de comptes.

La technologie qui supporte le bitcoin, appelée la blockchain, peut être vue comme un grand livre de comptes mis à jour au rythme de la fréquence de validation des transactions qui s'effectuent sur celle-ci. En somme, la blockchain effectue le même travail qu'une banque, c'est-à-dire tenir les comptes de ses clients. À la différence faite que si le livre de compte d'une banque est conservé de façon privée, sur une blockchain, tous les acteurs ont la possibilité d'observer le compte de l'ensemble des utilisateurs. C'est ainsi que la blockchain offre une complète transparence.

Autre différence majeure : n'importe quel individu dans le monde équipé d'un simple téléphone ou ordinateur peut créer un compte sur la blockchain, appelé un wallet, et avec une connexion Internet, peut effectuer des transactions vers n'importe quel autre utilisateur sans limitation. Aujourd'hui, même si la France reste un des pays les plus bancarisés au monde, plus de 500 000 Français n'ont aujourd'hui pas accès au système bancaire.

En temps de crise majeur, tel que l'Europe l'a vécu pendant la crise économique de la Grèce en 2015 ou bien plus récemment dans l'épisode français des Gilets jaunes, le Bitcoin s'est présenté comme une alternative crédible au système financier existant sans jamais réellement s'imposer de façon concrète. Néanmoins, la fragilité de nos économies n'est pas un phénomène du passé, et depuis 2015, l'écosystème bitcoin s'est développé de façon exponentielle.

On parle souvent du Bitcoin comme instrument spéculatif, mais le nombre d'applications possibles sur la blockchain est gigantesque. Dans l'absolu, Internet est construit sur un modèle de data-controller/data-broker. Avec Internet, l'utilisateur doit créer un compte à chaque fois qu'il désire utiliser un service : Facebook, Airbnb, Uber, etc. Pas le plus idéal en termes de gestion de comptes ou de données. Pour le développeur, il faut construire un système de communication via une API. Là encore, pas idéal… Avec une identité digitale sur une blockchain, l'utilisateur peut contrôler l'accès à sa data et pourra utiliser les services de chaque application comme Facebook ou Uber sans avoir à créer de nouveau compte à chaque fois. On renverse le modèle de données vers l'utilisateur et on facilite une meilleure collaboration entre services. Comme pour l'or, les domaines d'application du Bitcoin ne se limitent pas à la simple fonction de réserve de valeur.

Bitcoin comparé à l'or en termes de valeur refuge

Le Bitcoin et l'or présentent par nature des similarités et, bien entendu, des différences. Nous avons résumé dans ce tableau les éléments de comparaison entre le Bitcoin et l'or. Il est sûrement également question de génération, et donc de système de croyances lorsqu'on compare ces deux actifs.

	Bitcoin	Or	Euro
Fongibilité			
Transportabilité			
Durabilité			
Divisibilité			
Capacité à être échangé			
Rareté			
Degré de contrôle par l'État			
Décentralisée			
Acceptabilité dans l'économie réelle			
Anonymat			
Coût de stockage			
Résistance à la censure			
Utilisation non monétaire			
Complexité à falsifier			

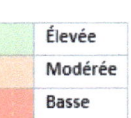

Élevée / Modérée / Basse

On notera également que la technologie de la blockchain a donné naissance à des jetons qui représentent des onces d'or, un exemple populaire est le jeton "PAX Gold". Il est donc aujourd'hui possible d'échanger directement de l'or contre du bitcoin et vice-versa.

Comment investir dans Bitcoin

Il existe plusieurs façons de se procurer du Bitcoin :
- *Acheter directement du Bitcoin de particulier à particulier comme sur leboncoin.com.*
- *Utiliser une application qui vous permettra de faire un dépôt en € pour ensuite acheter du bitcoin.*
- *Dernière alternative : aller directement en acheter auprès des distributeurs de Bitcoin qui s'apparentent à des distributeurs de billets. Il vous faudra néanmoins créer un wallet au préalable.*

Bitcoin et le futur des monnaies

Les crises financières sont partie intégrante du cycle de vie des marchés financiers et elles sont également une formidable source de remise en question de nos acquis. L'épisode de 2008 a conduit nos économies dans des territoires encore inexplorés. Les décisions monétaires des banquiers centraux sont souvent qualifiées de "mesures extraordinaires". En réalité, ces mesures sont devenues, depuis plus de

10 ans déjà, la norme. Dans un monde où la planche à billets ne cesse de fonctionner à plein régime, on peut alors se poser la question de l'avenir de nos monnaies et surtout de leur capacité à maintenir leur valeur.

L'histoire montre que lorsqu'il a un débasement monétaire, les investisseurs cherchent à se couvrir contre le risque de dépréciation monétaire et commencent à acheter des actifs en quantité limitée : biens immobiliers, actions, métaux précieux et, plus récemment, Bitcoin ! »

Anthony Lesoismier,
co-fondateur de SwissBorg.

ACHETER DE L'OR OU DE L'ARGENT PHYSIQUE

Si vous souhaitez acheter (ou vendre) de l'or (ou de l'argent) physique, il existe de multiples bureaux de change. Au niveau national, le Comptoir national de l'or offre des bureaux de change à proximité dans toute la France :

- *Comptoir national de l'or : www.gold.fr*
Téléphone : 0 800 744 144

Par ailleurs, www.or.fr peut également offrir un service d'achat et stockage intéressant.

À Paris, les principaux du IIe arrondissement, à côté de l'ancienne bourse de Paris (palais Brongniart), sont :
- *Or & Change : www.oretchange.com*
36 rue Vivienne 75002 Paris
Téléphone : 01 40 41 00 49

- *Change Vivienne : www.changevivienne.com*
48 rue Vivienne 75002 Paris
Téléphone : 01 42 33 20 20

- *Joubert : www.joubert-change.fr*
38 bis, rue Vivienne 75002 Paris
Téléphone : 01 42 36 20 39

- *Comptoir des tuileries :* <u>*www.cdt.fr*</u>
  <u>*53, rue Vivienne, 75002 Paris*</u>
  Téléphone : *01 42 60 17 16*

- *Merson Change :* <u>*www.merson.fr*</u>
  <u>*33 rue Vivienne, 75002 Paris*</u>
  Téléphone : *01 42 33 81 67*

- *Comptoir change Opéra :* <u>*www.ccopera.com*</u>
  <u>*9, rue Scribe 75009 Paris*</u>
  Téléphone : *01 47 42 20 96*

Vous pouvez également vous diriger vers votre banque. Bien que les banques n'aient que peu d'intérêt à réaliser des transactions d'or, il est possible de se diriger vers sa banque qui peut travailler avec CPoR. La commission est généralement plus élevée que dans les bureaux de change, mais offre la possibilité de déposer directement cet or dans les coffres de la banque. À noter que depuis mai 2020, les coffres doivent être déclarés.

WEBOGRAPHIE

www.gold-eagle.com
www.gold.or (World Gold Council)
www.la-chronique-agora.com
www.lesprosdeleco.com
www.sunshineprofits.com
www.bullionvault.com
www.silverinstitute.org
http://www.24-carats.fr/
www.imf.org & https://fred.stlouisfed.org/

BIBLIOGRAPHIE

L'Histoire de l'argent, Cyrille Jubert, 2015.
L'or, un placement d'avenir, Philippe Herlin, Éditions Eyrolles, 2017.
Guide to Investing in Gold and Silver, Michael Maloney, 2008.
The New Case for Gold, James Rickards, Éditions Penguin, 2016.
Les quatre piliers de la nouvelle hausse de l'or, Simone Wapler, 2018.
Manipulating the World Economy, Martin Armstrong, 2019.
Spending Waves, Harry Dent, 2013.

PRÉFACE DE SIMONE WAPLER 7
LE MOT DE L'AUTEUR... 11
INTRODUCTION 13

I – HISTOIRE DE L'OR ET L'ARGENT.......... 19
L'OR ET L'ARGENT AU CŒUR DES SOCIÉTÉS... 21
« RICHE COMME CRÉSUS » : VRAIMENT ?!..............................24
LA MANIPULATION MONÉTAIRE.................................25
L'EXEMPLE DE LA GRÈCE ANTIQUE 27
L'EXEMPLE DE ROME 30
L'OR ET L'ARGENT AU MOYEN ÂGE............................35
RENAISSANCE ET TRÉSOR DES AMÉRIQUES 39
L'OR ET L'ARGENT EN ASIE 42
PERFECTIONNEMENT DU SYSTÈME MONÉTAIRE................44
L'HYPERINFLATION DE JOHN LAW... 45
LA RUÉE VERS L'OR 49
BIMÉTALLISME..50
LA SPÉCULATION DE 1869 52
LA FIN DU BIMÉTALLISME AUX ÉTATS-UNIS.......................56
L'ÉTALON-OR...57
L'HYPERINFLATION DE WEIMAR..................................62
L'AVÈNEMENT DE LA MONNAIE-CRÉDIT 65
L'OR ET L'ARGENT DANS L'ENTRE-DEUX-GUERRES............70
LA CHINE OU L'ARGENT OR !..................................72
BRETTON WOODS ET SON EFFONDREMENT 73
SPÉCULATION DES FRÈRES HUNT.................................78

II-LES FONDAMENTAUX DE L'OR ET L'ARGENT 81
LA DEVISE 83

LES TAUX RÉELS... 86
L'ÉVOLUTION DES PRIX.. 87
RATIO MÉTAUX/ACTIONS 89
RATIO ARGENT/OR... 93
RATIO BASE MONÉTAIRE/OR 95
OPEN INTEREST.. 97
LE PÉTROLE... 99
LES ACTIONS DE COMPAGNIES MINIÈRES 102
COEFFICIENTS DE CORRÉLATION.. 105
PAS DE LOI DE MARCHÉ SUR L'OR ? 106
LE MARCHÉ DE L'ARGENT 110

III - L'OR ET L'ARGENT AU CŒUR DE LA PROSPECTIVE ÉCONOMIQUE................... 113

L'INTRIGUE RÉPÉTITIVE D'UNE SOCIÉTÉ........................... 115
LES DERNIERS TOURNANTS ÉCONOMIQUES MAJEURS.. 115
L'ÉCLATEMENT DE LA BULLE PUBLIQUE.......................... 127
D'UNE POLITIQUE DE LA DEMANDE VERS UNE POLITIQUE DE L'OFFRE... 142
L'EFFONDREMENT DU MODÈLE ÉCONOMIQUE................ 154
L'OR ET LE NOUVEL ÉQUILIBRE ÉCONOMIQUE................ 165
LES SCÉNARIOS SUR LES PRIX... 169
GUERRE DES DETTES ET DES DEVISES............................... 182
LA RÉALITÉ MONDIALE PORTERA L'OR.............................. 188
POURQUOI LES BANQUES CENTRALES ONT DE L'OR ?..... 193
LA TRAPPE DE LA VÉLOCITÉ... 196
GUERRES, PANDÉMIES, ÉRUPTIONS… 203

IV- INVESTIR DANS L'OR ET L'ARGENT EN PRATIQUE 211
MARCHÉ PHSYIQUE 213
CERTIFICATS ET POOLS ACCOUNTS 216
ETFs (Trackers) ET CFDs 217
FUTURES ET OPTIONS 218
ACTIONS MINIÈRES ET FONDS AURIFÈRES 221
E-GOLD 225
FISCALITÉ SUR L'OR ET L'ARGENT 227

CONCLUSION 231

ANNEXES 237
« CYCLE DE PRÉDOMINANCE » 238
RELATIONS DE FISHER 240
TÉMOIGNAGE DE PASCAL TRICHET 242
TÉMOIGNAGE D'ANTHONY LESOISMIER 246
ACHETER DE L'OR OU DE L'ARGENT PHYSIQUE ... 254

WEBOGRAPHIE 256
BIBLIOGRAPHIE 256

DU MÊME AUTEUR

- *2021, Prémices de l'effondrement,*
  JDH Éditions, 2020.

- *La liberté assassinée !*
  JDH Éditions, 2020.

- Co-auteur de *Stupeur et confinements,*
  JDH Éditions, 2020.

- Auteur contributeur de *Face au monde d'après*, de Jean-David Haddad, JDH Éditions, 2020.

Retrouvez également Thomas Andrieu dans ses articles et prévisions sur :
andrieuthomas.com,
lesprosdeleco.com,
boursikoter.com,
rochegrup.com,
cafedelabourse.com,
thecointribune.com.

Suivez Thomas Andrieu sur

Dans la même collection, un autre guide pour investir !

Retrouvez Thomas Andrieu régulièrement pour des articles économiques, ainsi que, tous les deux mois, ses prévisions dans la lettre confidentielle « Tendances et Prévisions », disponible sur abonnement sur le site « Les pros de l'éco » :

www.lesprosdeleco.com

Articles, interviews, vidéos : le site internet vient en appui de la collection de livres économiques du même nom.

Suivez **JDH Éditions** sur les réseaux sociaux pour en savoir plus sur les auteurs, les nouveautés, les projets…

Découvrez notre boutique en ligne sur
www.jdheditions.fr